AQUARIUS

AQUARIUS

AQUARIUS

Catcher

一如《麥田捕手》的主角，
我們站在危險的崖邊，
抓住每一個跑向懸崖的孩子。
Catcher，是對孩子的一生守護。

現在的青少年很難教吧？

以理解尊重支持取代嘮叨控制，
資深校園心理師給父母、
老師的實戰書

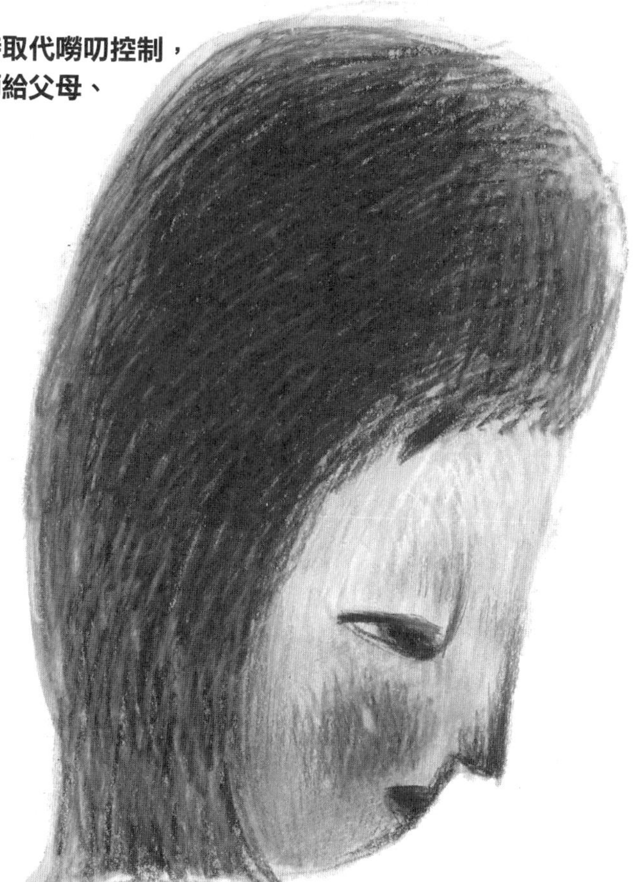

林維信（諮商心理師）◎著

【推薦序】

青少年的挑釁、試探與對抗，背後都是為了獲得愛

／陳志恆（諮商心理師、教養作家）

前些日子觀賞一部電影《速成家庭》（Instant Family），講的是一對以裝修房子為業，長期無子女的夫妻彼特與艾莉，打算領養孩子的故事。在經過一番教育訓練與媒合後，他們越級打怪，選擇一次領養三個手足，其中最大的已經是個青少女，名叫莉茲。原以為有了孩子後，會是幸福美滿的開始；沒想到，當三個孩子住進家裡，天天上演各種悲劇。

特別是十五歲的青少女莉茲，渾身散發著早熟與世故的氣息。她的防衛心重、處處與大人作對，情緒起伏不定、難以捉摸。這對夫妻簡直被她搞瘋，但仍耐住性子，對她釋

出善意。

有一天早上，莉茲的頭髮凌亂打結，艾莉借了把梳子給她，並溫柔地幫她把頭髮梳開，讓莉茲流下感動的眼淚。艾莉覺得自己與莉茲的關係有了進展，沒想到第二天早上，莉茲卻把那把梳子丟進馬桶裡，令艾莉氣得跳腳。

莉茲看似叛逆與挑釁的舉動，原來是害怕大人對她太好。因為她的成長經驗讓她覺得自己是一文不值的，而梳頭髮又讓她想到自己的生母，也曾經如此溫柔對待過她。她擔心自己再度被拋下，於是把別人對她的好給推開，也重重傷害了身旁想關愛她的大人。

電影《速成家庭》中的青少女艾莉也許是個特例。但幾乎所有的青少年，都會出現種種令大人頭疼與惱怒的行徑，最常見的包括測試大人的底線、挑釁的言語與動作，以及種種不配合與對立反抗。

你可以把青少年的這些行徑解釋成叛逆；然而，這個時期的孩子，正處在角色混亂的心理發展危機中。他們不斷追尋自我統整，但卻不斷感到迷網、錯亂、衝突與自我懷疑。表現在外的就是令人搖頭的問題行為，但背後其實是渴望著愛與連結。

大人如果只看見孩子的表面行為，不能也不願理解與連結孩子的內在，勢必會與青少年長期處在緊張和對立的關係中，而不因此心力交瘁，也難。

如何聽懂青少年行為背後的心聲？長期與青少年密切互動的林維信諮商心理師，在新書《現在的青少年很難教吧？——以理解尊重支持取代嘮叨控制，資深校園心理師給父母、老師的實戰書》中一次告訴你。

維信對青少年內心世界的觀察，著實令我佩服。

他在書中提到，青少年常會用傲慢或輕蔑的口氣，對大人說：「你憑什麼管我？」同時流露出一副瞧不起大人的樣子。維信說，青少年確實會看不起大人。那是因為青少年早就知道大人的各種「祕密」——通常大人說不出口的事實，像是，外遇、失業又假裝去工作、假裝有錢、假裝夫妻關係和諧、掩飾壞習慣……等。

青少年早已成熟到能看穿大人極力隱瞞的真相，卻又無法理解大人也有其說不出的苦衷。於是，在大人開口管教孩子時，青少年便擺出一副輕蔑的模樣，他們真正想對大人說的是：「別再裝模作樣了！」

也許，青少年也得面對大人（特別是父母）不再是無所不能的失落。原來，大人也有脆弱、缺陷，甚至醜陋的一面，要承認這個事實，其實還滿痛苦的。

維信告訴我們，我們的一言一行，青少年都看在眼裡，也漸漸學了起來。與其隱瞞，不如和孩子開誠布公地討論，同時透過身教，贏回青少年對你的尊重。而這到頭來，大人也得逼著自己面對自己的人生課題；書中有句話說得好：「贏回青少年尊敬與負責的過程，其實就是大人找回對自己尊敬與負責的旅程」。

維信是個學校心理師，常要接受各校轉介來的行為偏差的青少年，也因此能近距離觀察到青少年給學校老師帶來的各種煩惱與無力。在這本書中，維信也對學校老師或輔導者提供具體的建議。

像是，青少年在課堂上情緒失控、四處嗆人、酸言酸語、自我傷害、回答精簡等狀況，維信一方面帶著讀者去理解這些行為背後的動機及心理需求，另一方面，也提出具體可行的處理策略。你便能掌握，當下可以做些什麼，事後如何與孩子討論，平日又該如何關懷與對話。

最後，維信提醒我們，青少年還在成長與學習中，需要尊重，也需要規範。因此，適當地拒絕或設限，是必要的，大人需要有「暫時被孩子討厭的勇氣」。

曾聽一位高中老師說，過一陣子學校要集體施打疫苗，但班上不少學生卻已經遞上假單，表示打完疫苗，隔天要請病假。老師感到相當不解，孩子們怎麼預知自己打完疫苗就一定會身體不舒服、得請假？

更令他無法理解的是，家長還都在假單上簽名了，表示家長也同意。這位高中老師於是詢問家長，不少家長說，這是「民主」，要「尊重」孩子。

老實說，這是假「民主」或「尊重」之美名，不願意去管教孩子的投機行為，甚至不斷打破該有的底線與原則，讓青少年予取予求。或許不少家長誤解了「正向教養」的意涵，但更多的是害怕被孩子討厭，從此破壞親子關係。

事實上，如果你能從小與孩子有足夠且良善的互動，開放地對話與討論，不斷儲存關係存款，建立起親子之間的信任關係，就不需要擔心該有的管教與設限會撕裂親子關係。

也許，孩子一時不能諒解，但透過事後的關係修復，仍然能繼續維持健康的親子情感。《現在的青少年很難教吧？——以理解尊重支持取代嘮叨控制，資深校園心理師給父母、老師的實戰書》是一本與眾不同的青少年教養書或教育書，適合正為青少年煩惱的家長或老師閱讀，你不但會更理解孩子的內心世界，也會知道該怎麼與他們互動，才是上策。

陳志恆：諮商心理師、教養作家，曾為中學輔導教師，現為臺灣ＮＬＰ學會副理事長

【自序】

我想為青少年發聲，也想為大人說點話

一切從一個無心插柳開始。朋友想去帶領一個兒童課程，人數不多，問我帶小朋友有哪些需要注意的地方。

我就把團體輔導的做法和注意事項，劈里啪啦地寫出來，越寫越長，索性就貼在網路上，沒想到會有人想看。

這讓我有點訝異：原來我寫的東西，有可能可以幫助到別人。（所以人人都需要透過嘗試與激勵，走出不一樣的蛻變。）

後來，我將一些實務上的所見所聞，經過改寫之後，從一些議題上發展成文章。

因為我想要試著為類似困擾的孩子發點聲音。

孩子總是比大人所想的還要聰明、還要敏感。

同樣身為大人的我，明白許多是大人的無心之舉，明白大人控制行為背後的善意和初衷。

但孩子的確是受傷了。

更遺憾的是，教養他們的大人，並不知道孩子受傷，更不知道孩子受了傷，還是在意他們。

寫到這邊，我也想為大人說點話。

青少年好教嗎？真的不好教啊。

沒有人說它是容易的，所以我們都不必氣餒、自責。

我們只是希望，自己能夠快樂地陪著他們一起成長、一起好。

而這股力量或許能帶來一點不一樣，讓小改變推動大改變。

我們都很渴望有一個快速、簡單的方法，可惜這世界沒有魔法。

如果真標榜有這樣的方法，自己做起來，效果卻遠不如想像，那不就要懷疑自己很差了？

然而，我們並不差，我們都是會犯錯的平凡人。

我們在錯誤中找尋讀懂青少年的方法，在錯誤中，開拓接近青少年的道路。

那些酷酷的青少年，也許長期沒給你好臉色看，

但某一天，他卻忽然有了個成熟的行動、出現了某個睿智又貼心的念頭。

而你明白，那是你好久以前教過他的道理。

那一刻，你的眼眶微熱，會相信魔法，真的存在於人間。

目錄

輯一 教養青少年的盲點

輯二 青少年令人困擾的行為，背後是渴望被肯定與在乎

輯四 青少年想證明自己是被愛，且是有價值的

目錄

輯一

教養青少年的盲點

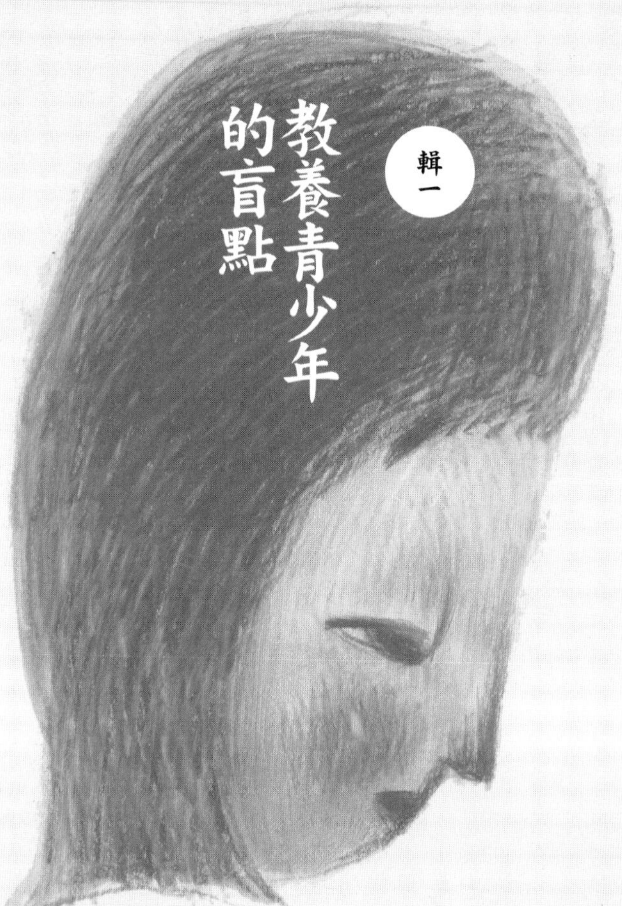

「大人這麼蠢，憑什麼管我？」當青少年瞧不起大人，怎麼辦？

——從「讓青少年看見大人努力的身影」開始，重新獲得青少年的尊重

「我爸會假裝上班，開車出門。」天勇說。

「實際上，他在外面有女人。我知道他沒怎麼在工作，家裡的錢都是媽媽出的。他偶爾拿錢出來，也是奶奶給他的。」

「你怎麼知道這些？」我有點訝異。

「媽媽講的啊，媽媽還帶我去跟監過，就看到他身旁有另一個阿姨。」天勇說這些話的語氣，好像在講一件稀鬆平常的事。

「媽媽跟我講之前，我就有猜到了。」

「他們很常吵架啊。媽媽也沒多好，她自己也有男人。他們叫我們去睡覺，關起門來吵架，以為我跟妹妹都不知道。爸爸就在房裡問她是不是有男人，連奶奶私下也有問我，說媽媽有時晚上會出門，是不是真的去打工。

「我覺得很無聊。都這樣了，幹麼不離婚？我那爸爸還想教訓我，禁止我晚上出去玩，啊他自己咧？明明沒賺錢，還想擺出自己很行的樣子，想對我說教。」天勇面露不屑地說。

「反正他們都不在家的話，我就跑出去，算準他們到家前回家就好。如果被抓到了，就說去同學家，我已經跟我那同學講好了。

「總之，我要去念台中的高中，住姑姑家。我姑姑不會管我，我想在外玩多晚就多晚，交女友都不會被打擾。他們只要給我生活費就好。」

我默默聽著天勇說著他的計畫。

我心裡想著，天勇的人生已經不需要，也不想要有父母參與了。

當青少年知道大人的祕密，行為開始失控

青少年瞧不起大人，最大殺傷力的原因之一就是：青少年知道大人無法說出口的祕密。

青少年一開始的世界觀是建立在周遭大人之上，特別是父母。大人呈現出什麼，他們就相信這個世界是什麼。

大人如果有著無法說出口的祕密，例如外遇、說謊、假裝有去工作、假裝有錢、甚至詐欺……大人有大人的苦衷，**大人以為自己藏得很好，但青少年其實都知道。**他們只是不說，只是「假裝」不知道。

因為他們明白：大人就是脆弱，才要在青少年面前裝模作樣。

一旦青少年識破了大人的伎倆，大人的權威、大人的全能感，在青少年心中就此崩塌，也將轉而覺得大人是拙劣的、是可悲的。

這些青少年厭惡虛假、厭惡說謊、厭惡欺瞞的感情、厭惡說話不算話、厭惡不負責任……但弔詭的是，他們卻往往比其他人更常做這些事。

「面對虛假的世界，何必認真？」

「每個人都很自私自利，我只是跟他們一樣。」

「說謊如果不會被發現、不會被拆穿，才是厲害。」

因為他們相信這個世界就是「假」。因為他們看不到「負責」到底有什麼必要、有什麼好處。

一家人就這樣過著虛假的生活，維持虛假的自尊。

「你沒有誠實對我，我也不會誠實對你」，青少年對父母已經失去信任。

青少年形成「自己比大人更好」的錯覺

父母忙著自己的煩惱，青少年就在外面偷偷結識網友、抽菸喝酒飆車性行為……直到被抓到。大人要管教青少年，卻遭遇他極大的反抗，且還不知道他是什麼時候開始走偏。

青少年對大人的反叛、行為開始失控，其實是從發現祕密，意識到「大人沒有比較強」這點開始。

「大人這麼蠢，憑什麼管我？」

這也讓他形成「自己比大人更好」的錯覺。覺得自己更聰明、更理性，應當享有更大的自由與獨立。

事已至此，該怎麼讓青少年重新學會尊敬與負責？

首先，青少年要承擔的是他自己行為的責任，但在處理他的行為之前，你要恢復一些在青少年心中對你的尊重感與權威感，你的管教才能在他們心中確實發生影響力（而不是陽奉陰違）。

這不是透過金錢或打罵就可以贏回的（越這樣做，青少年越是看出你的虛假），而是透過你的言行：

一、贏回尊重，他需要看見大人努力的身影

青少年會佩服能力強的大人，**一旦得到他的認同，你對他講的話，才能產生影響**

力。

就算你沒有強大的能力，只要他能看到你為了他努力不懈，一段時間之後，一樣能慢慢得到他的認同。

這裡指的是在孩子了解「這些對他好的情況，其實得來不易」的前提下，而你卻願意為了他們持續在努力。

例如：他知道家裡離學校很遠，你卻願意每天一大早載他們上學；例如他知道父母的經濟狀況不太好，但你願意為了讓他們過更好的生活，而努力工作；例如他知道父母是個木訥的人，但為了與他們親近，你每天撥時間關心他在學校過得開不開心。

如果是習以為常的狀況，他們要能感受到其中的落差和你的努力，花的時間要更長。

而且**是「為了他」而做的努力**，不是出於我們的自以為是。

如果認為：「已經在賺錢養家，還得不到孩子的認同，就是他們在擺譜、拿翹！」或是「我花那麼多的時間、金錢，送孩子去學英文、學才藝，為什麼孩子還不感恩？」那就是離他們越來越遠了。

二、讓青少年學會負責，需要大人的身教

雖然青少年對大人已經不信任，但大人的行為，他們還是持續看在眼裡。為了孩子而努力，是一種身教；大人對於想要隱瞞的行為，開始認真面對，更是一種身教。**青少年發現大人開始改變，那些改變將同樣會扭轉他們對這個世界的認知。**他們會開始認知到「真誠」、「努力」的價值；會開始感受到對家人負責、對自己負責，在贏回別人信任上的重要性（誠如贏回孩子對大人的信任那般）；會開始相信家裡已經走在改善的道路上，所以會願意認可過去大人的隱瞞或許有苦衷。

如果上述的努力，還沒辦法贏回青少年的尊敬與負責，那麼，就要開始思考以下開誠布公的做法：

一、放下面子，問問青少年，知道父母哪些事情

如果跟外遇有關，請審慎評估能否做好夫妻關係與親子關係之間的界線後，再私

下一對一跟青少年談。

不要從青少年口中去問出另一半在外面的狀況。這個晤談的重點是處理你跟青少年之間的關係，而不是藉此把夫妻關係拉進來。

要記住：**夫妻關係是大人自己的事情，孩子沒有義務要承擔大人之間的責任。**

當你用真誠、對等的態度邀請青少年說出他所知道的事情，且不做責罰、辯解，你們就有機會開始恢復信任關係。

青少年所認知的或許不完全正確，但**急著辯解絕對是大忌**，請尊重青少年的談話步調和感受後再來解釋。

二、當我們尊重青少年是獨立、懂事的個體，他才能理解大人有哪些難處

孩子就是覺得他的獨立思考已經贏過「幼稚的大人」，他才會開始瞧不起大人。所以開誠布公的對談，不會是上對下的語氣，而是尊重青少年是能思考的個體。

大人更要問自己，在現有的困境尚未解除下（例如外遇問題、失業問題），還願意跟青少年承諾多少他在意孩子且想關心孩子的地方。

這不是要父母為了彌補罪惡感，而做很多退讓、討好青少年的行為。而是青少年在父母欺瞞的過程中受傷了，感覺不被父母重視、不被父母所愛了（即使這是青少年的窮擔心）。此刻所做的承諾與後續的關心行動，是在**修復當時的受傷感受**。

「因為過往的隱瞞，讓你感到生氣、難過，往後我想更重視你的感受，而不擅自決定一些事情。」或「往後我想多聽聽你的想法、更在意你的心情」。

贏回青少年尊敬與負責的過程，其實就是大人找回對自己尊敬與負責的旅程。為此，大人將要被迫面對自己原本想逃避的困境（才會在先前變成說不出口的祕密）。

這過程絕對不輕鬆，但你能讓未來變得是可以期待的。

家裡有可以期待的未來，
孩子才有為現在生活負責的動力。

所有的事，都要跟青少年商量嗎？

——與青少年商量的2大目的及7個原則，以及商量並不是「說服」孩子聽從大人

晟爸希望凡事都能和孩子講理，因為從小在權威教育長大的他，不希望自己的孩子也受到同樣的折磨。

然而，阿晟上國中後，迷上一款手遊，這使得他寫作業的時間越拖越晚。

「你什麼時候要寫完作業？」晟爸問。

「十一點前。我這場打完，就去寫。」阿晟爽快回答。

過了半個小時。

「這場打完了嗎？」

「剛剛那場有人跳game了。現在這場打完，就會去寫。」

又過了半小時。

「該寫作業了吧？」晟爸催促。

「好，我快結束了。」

過了十五分鐘後，阿晟終於放下手機，去寫作業。無奈今天要寫的練習卷特別多，拖到十一點就寢時間，都還有一大半沒寫完。

「我想睡了。」阿晟略顯疲倦。

「你作業還有一大半，你想怎麼處理？」晟爸生氣了。

「我明天五點自己起來寫。」

結果，隔天早上拖到要上學了，阿晟才起床，而且還是被爸爸叫醒的。

之後，阿晟仍然沒有在晚上約定的時間內完成作業，而且約定的時間一變再變。晟爸為了不要讓阿晟養成晚睡的習慣，只好讓他先就寢。但隔天卻又因為阿晟賴床，使得作業連續好幾日都沒完成。

晟爸一氣之下，沒收阿晟的手機，並放話：「沒寫完作業，我就不讓你玩。」

阿晟也跟爸爸賭氣：「好啊！那我就直接去睡覺，除非你把手機還給我。」

過去，我們經歷過很多權威的管教方式，所以在自己成為父母時，許多人盡可能想跟青春期的孩子商量、溝通。

但有些狀況，孩子卻越來越皮條，讓人不確定自己選擇與孩子商量，是不是做錯了？

其實，**透過商量，讓青少年學習獨立、負責，大方向是好的**，但並不是所有狀況都適合跟孩子商量。

首先，商量的目的，父母自己要先抓得穩：

- 商量是讓孩子透過表達，整理自己的想法，學習規劃，不是讓他練習詭辯。
- 商量是讓孩子學習對自己的承諾和行為負責，不是讓他找理由逃避責任。

為了避免變成我們不樂見的結果，父母在與青春期的孩子商量時，要注意幾個原則：

一、商量，最好在事前就規劃好

孩子犯錯時要接受什麼處罰，可以商量嗎？可以，但在平時就應該討論，等到犯錯後才來談，會讓他學習到「如何逃避懲罰」。

這是人性，因為人在知道自己闖禍後，會焦慮害怕、注意力窄化，這時的思維很難理性、全面，能想到的往往是「如何讓錯誤看起來不像錯誤」、「如何讓自己看起來很可憐、很無辜、不是故意的」、「如何減輕懲罰、讓它對自己的危害最小」。成功的話，就能唬過父母，讓父母以為自己沒有犯錯而放過自己，或讓父母以為已達懲罰效果，但事實上根本不痛不癢（例如沒收一支自己最爛的手機，自己還私藏了其他支手機）。

孩子的讀書、寫作業計畫可以商量嗎？可以，但一樣**要在執行前就討論，而不是等到孩子無法做到時，才來討論。**這樣會讓孩子認為「反正做不到，也可以隨時更改」，如此將演變成，孩子自己做的承諾，被自己一再打破。

例如原本大人與孩子說好九點寫完作業，但九點了，孩子還沒寫完，孩子就要求延後到十點。沒想到到了十點，孩子又要求想改成十一點。這樣只是給孩子不斷拖延、逃避的機會。

大人需要準備備案

但孩子作業太多，睡前真的寫不完，怎麼辦？關於這點，父母事前要有備案，評估孩子在有限時間內可以完成的合理要求是什麼。

這個**備案即使在事前，也不能跟孩子商量，因為孩子會對備案產生預期，而不會認真看待原本應完成的規劃。**

例如父母可以先想好，如果沒寫完作業，在幾點之前，要寫完幾成的作業？若到時要就寢，剩下的作業應在什麼時候要完成？而如果孩子拖拖拉拉，到了睡前，還離完成作業差距甚遠，那麼就要另外附加其他小處罰（不要再是罰寫，因為那會永遠沒有寫完作業的一天，且孩子也會絕望地擺爛）。

重點是，一旦備案被執行，就要趕快再跟孩子商量，如何修改原本的計畫，讓它變得可行，而不要讓計畫一再未被執行，卻挪用備案，這樣孩子會在心裡，以備案取代原本的計畫。

有一種情況，我們鼓勵「在事發之後」商量，就是孩子在犯錯後，主動想彌補對方，卻不知道該怎麼做的時候。因為這正是孩子想面對自己的錯誤，為自己行為負起責任的表現。

大人可以協助，讓孩子正確理解犯錯對他人將造成哪些影響，**讓孩子可以動腦想出對應的彌補方法**，而不至於思考方向錯誤或有所疏漏。

二、大人與青少年的權利、義務，本來就不同

「青少年不可能跟大人擁有一樣數目的零用錢」、「青少年不能跟大人一樣抽菸、喝酒」，這些大家都能很快地同意。

但在面對青少年說：「為什麼你可以那麼晚回家，我就不可以？」「為什麼你可以那麼晚睡，我就不可以？」大人有時卻會一時語塞，不知該如何回應（當然，這

牽涉到不同的父母有不同的價值觀）。

完全限制，不給彈性，青少年會覺得「大人不在意他的感受」，造成親子關係疏遠，但給予和大人完全相同的權利，則會有更多的後遺症。

青少往往高估自己負責任與辨別情況的能力

不該給青少年「我擁有的權利跟大人一樣」的錯覺，因為權利與義務是一體兩面。青少年常只看到權利，就高估自己負責任的能力、高估自己辨別情況的能力。（青少年的視野和經驗比大人少得多。）

但青少年承擔錯誤的本錢比大人小，對其造成的身心傷害卻比大人更大。例如在網路上被愛情騙子所騙，或過度沉迷遊戲而不知節制。（所以大人如果做出壞的示範，就更難讓孩子信服。）

比較好的方式是，**多給一些你可以接受的選項，讓青少年自己選擇。保留彈性，但不接受超出選項太多的要求。**

孩子如果抗議，你可以稍微向他解釋「青少年和大人的權利、義務不同」（如果他無法理解就算了），但不要解釋太多，因為這會開啟他想繼續辯下去、挑你語病的挑戰心。你的態度堅定，但不霸道，他就能比較安定，並回頭看看你給他的選項。

為什麼讓青少年覺得「我的權利應該跟大人一樣」會有很多的後遺症？因為他會以為你跟他是平等的，既然平等，「你憑什麼管我？」

父母的管教不要高壓、霸道，但不意味要全然放棄自己的權威。**有的父母在孩子不聽從時，會變成以懇求的態度，不斷退讓，問他：「那這樣好不好呢？」這會讓孩子不把父母的話當一回事**（因為最後父母還是要聽我的）。

研究指出，「開明權威」的管教方式遠比「自由放任」能給小孩更多的正面影響。如果孩子不重視父母的話，在學校，他就更不會聽老師的話，也更不理會團體規範與同學的感受，因為「父母都不能管我了，老師、同學又算什麼」。

三、大人應該自己決定的事情，不適合與孩子商量

尤其是夫妻之間的問題。如果讓孩子一起判斷、商討做法，容易讓孩子有選邊站

的壓力，或造成對父母其中一方的偏見、不諒解。

像是爸爸問孩子：「你覺得媽媽外面是不是有男人？」「要怎麼跟監你媽媽，才不會被她發現？」或媽媽問孩子：「你覺得你奶奶（就是她婆婆）是不是都在找我麻煩？」

就算你覺得你的另一半或他的原生家庭很可惡，也不要去影響孩子的看法。孩子總是希望，家裡的長輩都是愛他的。**孩子若認同你的看法，就會讓他不能去親近對方（也讓對方不能親近自己），否則就會像是對你說謊或背叛你；認同你的看法，也讓他失去與對方連結的機會，而只剩下討厭與憤恨。**

但正面的事情是可以討論的，例如：「你覺得我們可以給媽媽什麼生日驚喜？」「你喜歡我們看的這間房子嗎？（準備買新房）」

四、商量，不是「說服」孩子聽從大人

這是誤用「商量」這個詞。

如果每次的商討過程，都是討論老半天，最後的結果，卻還是得聽從大人的初始

想法，孩子一定不想再與你商量，甚至只要一聽到大人說「我們來溝通、溝通」時，就一溜煙先跑掉了。

因為他知道「講再多，也沒用」，這會讓孩子對商量的過程感到很挫折，**會覺得「大人一定是認為自己的意見沒價值，所以才不採納」。這反而會對孩子的自我概念造成負面影響。**

久而久之，會讓孩子覺得自己的意見是不好的，也會使得他在群體裡不敢表達自己的想法。

我曾聽過，有的孩子一聽到父母說：「我有事情要跟你討論」時，他就感到緊張、害怕。

因為那往往是父母認為他做得不好，要他解釋清楚「為什麼沒做好」，再從他的「解釋」裡去訓他一頓。

如果多講多錯，時間一久，孩子要麼越講越少，認為沉默是金，要麼就是去猜父母想聽到什麼而刻意迎合，但都並非是發自內心的真話。

五、商量不是完全順從孩子，或讓孩子獨自決定

大人的角色，是在旁協助孩子檢視自己的現況和能力，同時拋出一些提議，刺激孩子思考，訂定合宜的目標和方法。

因為孩子的視野、經驗有限，而大人的回應和提議，能促進他的思考。就像鷹架一樣，孩子能站在你給他的基礎上，去看到更廣的層面（例如如何安排寫作業的時間，同時也要考量吃飯、洗澡、運動等事情的安排時序）、更遠的影響（例如休息的次數太過頻繁，會影響專心和效率），以及更多計畫的可能性。

如果孩子的想法聽起來不太可行，大人就要適時提出你的擔心。

如果孩子堅持他的想法一定可行，倘若不會造成危險，你可以讓他試試看。

如果真的成功了，除了肯定孩子，也**別忘記補充：「你覺得再多考慮什麼，會更好。」**

如果孩子失敗了，也千萬別說「看吧，我早告訴過你了」之類的風涼話，因為**我們的目的是要讓孩子學會更周延的計畫，而不是增加他的羞愧感。**

即使失敗了，計畫再修正就好。

但不要在計畫之初看到問題，卻什麼都不說，讓孩子一個人貿然決定，這樣的失敗，會讓孩子對自己的能力產生懷疑，但這跟能力並無關聯。如果我們有事先跟他提議，他會知道「這只是經驗上的差別，失敗就當作學習經驗即可」。**一起商量的過程，能讓大人更了解孩子所處的環境現況**（例如學校給的功課數量與難度）和身心狀態（例如傍晚放學回來，是否因為飢餓而容易疲憊），而你**花時間參與了孩子的生活，孩子會覺得你是關心他的**，進而增進親子關係和互動溝通。

最後，大人需要留意青少年的年齡和思考複雜程度。當孩子的年齡越大，我們就能開放更多、更複雜的事情，與他一起討論。

商量，對父母與孩子而言，都是新的嘗試與練習。

初期可能會運作不順利，有一段磨合期。倘若父母能保持開放與樂觀，自然就能帶動孩子的信心，建立起彼此的默契。

父母能帶頭示範給彼此打氣，即使計畫失敗，孩子也會有意願繼續嘗試下去。

商量最可貴的地方，是讓大人和青少年都更想珍惜——那個為了更好的未來，而想努力投入的自己。

「寧願孩子恨自己，也要他成器。」——親子之間，如何不賠上難以挽回的關係？

——為了教孩子對的事情，我們要有「暫時」被孩子討厭的勇氣，但也要有修復關係的意願和行動

名軒因為在外飆車、時常晚歸，在校又屢次偷抽菸，而被轉介來輔導。

「我爸不認我這個兒子。他認的兒女只有跟前妻生的那幾個。」名軒先前提過，他已經有兩年不曾主動跟他爸爸說話。

「我那些哥哥姊姊都念好學校。有的已經找到工作，薪水很好。

「反正我爸認為我就是丟他的臉。他常說他怎麼會有我這種兒子，要我出去，就不要再回來。」名軒講的時候，帶著落寞的神情。

「而且他真的把家門鎖上，無論我在外面怎麼敲門。」

「那你怎麼辦？」聽到他爸爸這麼做，我有點意外。

「還能怎麼辦，我家那麼偏遠，附近什麼都沒有。我媽又去上夜班，我只能在門外坐到天亮……」

我同理他憤怒又受傷的心情，因為我明白，這有多傷一個少年的心。

「要不是我媽勸我，我早就跟他打起來。他以為我稀罕他當我爸，古板得要命。」

接著，名軒開始抱怨跟別人的爸爸比起來，他爸爸有多麼地誇張。

後來，我嘗試跟名軒的爸爸溝通，但名軒的爸爸講得很絕情。

「對，我就是覺得這孩子很丟我們家的臉！」

他的口氣，讓我有點分不清是氣話，還是他真的這麼覺得。

「你對他好，他就不會改。我就是要做很硬，不要他出去為非作歹。

「他現在恨我，沒關係。他可以不叫我爸！如果我不這樣做，他不會洗心革面、痛改前非！」

名軒的爸爸非常堅持自己的做法。那種相像的賭氣和倔強，讓我感覺他們比誰都還像一對父子。

通常，父母都是希望孩子跟自己的感情是好的，但有兩種常見情況，父母卻寧願孩子恨自己：

一、希望孩子成就非凡，為此成為虎爸、虎媽

虎爸、虎媽相信，孩子以後一定會感謝他們。因為有這層相信，所以現在嚴厲的要求（例如強迫他們做很多補習和學習才藝），縱使孩子一把眼淚一把鼻涕、壓力山大，看父母的眼神就像看見鬼一樣害怕，虎爸、虎媽都能堅持住。

但要孩子未來懂得感謝自己，其實要有兩個前提，分別是：

未來他們真的覺得自己的人生過得不錯。

如果有所成就卻過得很不快樂，孩子只會記得是父母讓他失去人生的快樂。

開始能認同父母的價值觀。

意思是，如果他認為自己的成功，非得需要過去那種鐵血教育才能造就，彼時他才能認同父母從小加諸在他身上的壓力，理解父母背後的苦心，他才有可能放下心結，產生感念。

但如果他認為自己的成功，跟鐵血教育根本沒有必然關係，他只會更加否定父母過去的行為（甚至暗自發誓，絕不要讓自己的下一代受這種苦），以此去證明父母過去的冷酷是錯的，自己不該這樣被對待。

二、孩子的行為開始走偏，為了管戒孩子，不惜要斷絕往來

像是故事裡的明軒爸爸，孩子晚歸，就把家門鎖起來，讓他在外面有家歸不得（才會知道回家的重要）；或是孩子有偏差行為，就威脅要斷絕親子關係，把他掃出家

門（讓他知道名譽、自愛的重要）。

這樣的父母，還滿認同自己是「嫉惡如仇」。寧願幻化成孩子的敵人、仇人，也要把孩子導正過來。

因為對孩子釋出善意，是一種放縱。只有當孩子走向他認為的「正軌」，他才會表現出親人之間的關愛。

但通常這樣盤算的父母，最後會導致悲劇的結果。

不勝唏噓的結局

因為，你都不惜要孩子把你當敵人了，有哪個人會想聽敵人的話，照敵人的話做？如果會聽話，也只是礙於形勢所逼。等到他儲夠了錢，或在外找到網友可以養他，他會不顧一切地捨棄這個家。

當大人覺得：「哼，我才沒有他一個這麼丟臉的孩子！」面子看似是撐住了（我捍衛了我的門風和價值），但其實面子、裡子全輸了。

因為他就是你的孩子，這是怎麼樣也無法改變的事實。如果他在外面做了什麼壞事，大家想到的仍然是「他的父母是你」（尤其他還未成年）。

我曾勸名軒爸爸，在孩子行為相對比較好的時候，做一些讓步。但顯然這還沒達到他的標準，名軒爸爸仍然認為他的孩子是有偏差的，也堅持不肯再載他上學（因為他的家離學校很遠）。

名軒覺得心灰意冷，認為無論怎麼做，爸爸都不會認同自己。在這樣的絕望下，不到三個月，名軒變得比以前更加晚歸，甚至不歸（反正我不是他的孩子），終至走偏，令我不勝唏噓。

「寧願孩子恨自己，也不要他不成器」是個莫大的賭注

希望孩子成就非凡的虎爸、虎媽，如果他的未來是快樂的，且會認同你的價值觀，只要一個前提沒有達到，你會贏了面子，但賠上難以喚回的親情；為了管戒孩子，不惜斷絕往來的父母，如果孩子沒有如你所想的即刻回到正軌，他只感受到你的絕情，你會面子、裡子雙輸，並且葬送掉親子關係。

大人要有「暫時」被孩子討厭的勇氣

我們不是要避免孩子討厭自己。

很多時候，**為了守住界線，為了教孩子對的事情，我們要有「暫時」被孩子討厭的勇氣。但同時，我們要有修復關係的意願和行動。**

修復關係不是去討好，而是在孩子學習到不良行為應該付出的代價之後，我們要能看見孩子的改變和善意。在孩子還沒辦法一步到位改變時，能適時做出相對應的、有原則的讓步，讓他知道我們一直是在乎他的，所以願意給他彈性（但要教他的原則一直都在）。

例如孩子超過門禁時間才到家，你可以禁止他兩個晚上出門作為懲罰。

但在這之前，你要問他是什麼原因造成晚歸，在得知他的朋友嫌他太早離開後，你可以表示你對他晚歸安全的擔心，並和他重新約定一個雙方都能接受的時間。

若真的太晚（但還是有限度），你可以去接他（避免危險），但相對地，一個星期他要多留一、兩天在家中，陪家人做家事。

如此，你既能傳達你對他困難的理解和重視。你去接他回家，讓他能更認同你想保護他的原意。

而同時，**超時和晚歸是有代價的。**這代價不僅僅只是處罰，還帶有拉近家人距離的意涵（陪家人做家事）。

孩子在感受到我們的重視後，會更重視我們給他的期待，以及對自己的行為改變承諾。

你一時的絕情，倘若遲遲沒有回以你對修復關係的意願和行動，你的「耍狠」，就會變成「真狠」。

就像風箏，你一旦推得太遠、拋得太高，縱然一端被你緊握在手裡，但只要外面的大風一吹，線斷了，就什麼也拉不回來了。

三種常見的錯誤，傷害親子信任

——教養裡最重要的關鍵是親子間的信任關係，信任越多，你能對孩子產生的正向影響就越大

雅貞是位國一女生，她因為偷竊問題而被轉介來輔導。

不過，我有點訝異她已經十三歲了，卻沒有任何零用錢。

「爸媽說沒錢。」雅貞直說。

「那你要怎麼買東西？」

「他說跟他們講，他們會買。但他們只會買基本的文具、制服類的東西。其他東西，他們都會拒絕。」

「可是你這個年紀，總會想買零食、想買一些自己喜歡的東西吧？」

「……」雅貞的頭低了下來。

「他們才不是沒錢。」沉默半晌之後，雅貞突然開口。

「什麼意思？」

「他們自己買很多東西好不好？我看他們常在換手機，或是買遊戲點數。」

「這讓你有什麼感覺？」

「指望他們沒用，我要自己想辦法。」雅貞把眼睛瞪大。

後來，我們談到她怎麼偷錢，她要怎麼防範被人抓到。

「他們會來搜我的書包、抽屜，看看有沒有他們沒看過的東西，特別是家裡有掉錢的時候。」

「是你偷的嗎？」

「呵呵，百元鈔比較好下手，因為比較不會被發現少了一、兩張。一千元就很容易被注意到，而且我都藏在櫃子的夾縫處，他們不知道有那種地方。等到我要用錢的時候，再去夾縫處拿。」雅貞說起來，還有點小得意。

「他們說，什麼東西都要給他們檢查。我說，我的東西都給你們檢查了啊。「啊你們咧？你們買很多東西，有讓我知道嗎？家裡不是沒錢嗎？」雅貞的表情帶著微怒與不屑。

「但我沒有真的這樣說啦。反正他們也不會承認，到時候又惱羞成怒、發飆……」

我聽見雅貞對爸媽的抱怨，其實帶有很深的無奈。

教養裡最重要的依憑本錢，是親子間的信任關係。

就像投資需要資本，親子間的信任多寡就是教養裡的資本。信任越多，資本就越雄厚，你能對孩子產生的正向影響就越大。你要教他的事情，不用提點很多次，就能帶來效果（教養投資報酬率高）。

相反地，我看過不少教養資本幾乎是破產的家庭。父母什麼話都講過，知道的方法也都用上了，青少年卻總能道高一尺，魔高一丈。

追根究柢，是因為親子之間幾乎沒有信任，所以上有政策，下有對策。父母越出招，反倒越「幫」青少年提升做壞的經驗值（原來這樣做會被抓，下次我要換個更精的方法）。

這篇文章要談的是父母不知不覺中常犯的三種錯誤，對親子間的信任殺傷力極大：

一、不給孩子錢的理由是家裡沒錢，但卻被孩子發現你常購物

每個人都有欲望，青少年也不例外。你會想花錢買衣服、鞋子，青少年也會想買3C、零食。

青少年在未能體會賺錢的辛苦之前，確實不宜拿太多零用錢，讓物欲膨脹得太快。但你在拒絕他時，若貪圖方便，只說一句：「家裡沒錢。」這種說法，若要讓他信服，你就得要讓家裡看起來不像有新東西（因為沒錢買嘛）。

不要以為青少年社會經驗少就傻傻的，他們可是會觀察你上網買東西多少次，家裡的網購紙箱是不是變多了，父母是不是擁有新的衣服和手機。有的父母竟然還跟孩子展示自己購物的戰績！試想，你如果是他，你的心裡想必會很不好受。

當孩子發現你的消費行為一點都不像家裡沒錢，他只會從你的教養中學到：原來父母只是對我吝嗇，那何必要節儉？節儉只有帶來痛苦（他正承受著），消費才能帶來快樂（看著父母和有錢的同學）。

孩子的物欲沒有因此變小，反而一心要獲得滿足，那麼只好採取非常手段：偷竊。

「再怎麼想要，也不能用偷的啊。難道不能忍嗎？」

可是，孩子看你也沒在忍啊……你要怎麼讓他相信「物欲是可以忍耐的」、「忍耐是美德」？

大人需要教育青少年金錢觀

現今的社會，要讓青少年學會克制物欲，確實越來越不易。

即便家境真的不好，父母克勤克儉，但若不花時間建立孩子的金錢觀，當他看到同學什麼都有，自己什麼都沒有，他可能只想抱怨父母窮，而不會自動去體會父母的辛勞。何況是口中說沒錢，但卻網購很多的家庭？

看到這裡，你可能覺得：「好麻煩啊，難道我自己賺的錢，為了教育孩子金錢觀，我通通都不能享受、不能花？」

當然不是。

你要教他的是，**不同年齡有不同的合理消費金額，青少年不可能跟大人平等（也不該平等），你也可以算給他聽「為什麼給他這樣金額的零用錢」**。

不少家長會問：「孩子要什麼必需品，我都會買給他們，為什麼還要給他們零用錢？」

這感覺當然不一樣。

回想自己青少年時，總會有東西是你很想買，但很怕爸媽不同意的吧？**零用錢的意義在於一種對金錢的自由支配感。**

你可以給他數目不大的零用錢，讓他不至於買太多你不喜歡的東西。但如果什麼零用錢都不給，他就永遠無法體會你說的合理消費和金錢管理是什麼意思。等到年齡漸長，他也會在你不知道的情況下「另拓財源」（例如虛報跑腿金額）。

二、父母對青少年承諾不會亂處罰，但沒多久就破功

父母能跟青少年承認自己的管教有失當之處，這是很值得讚許的勇氣。因為這是在向他示範：有錯就改，沒什麼好可恥的，也會讓青少年認同父母是明事理、愛孩子勝過自己面子的。他看見你的真誠，對你的信任會增加許多。

但同時，你的責任也會加重，因為這是一個兩面刃。你沒有太多機會再犯同樣的管教錯誤。否則孩子就會認為，原來犯錯只要「承認」就好，再犯錯也不要緊。孩子對親子間的承諾就會輕忽。意即他答應你不再犯的事情，他也只是說說而已。

尤其**管教**，事關自己怎麼被處罰，他會非常在乎。**會影響青少年怎麼看待你身為家長的權威，會影響他該不該相信你的「真誠」**。這一切在你誠懇地告白之後，青

少年特別會認為你的出爾反爾是狡猾的。

這當然也不是說，做父母的就要死不認錯。明顯做錯的，該跟孩子承認的、道歉的，還是不要省。**只是「我絕對不會再亂罵你、亂打你」這種承諾，出口前要謹慎。**你沒把握做到，最好不要講。

相對地，你可以表示自己會努力做到。如果沒做到，請他提醒你，你會聽他講，而不是惱羞成怒。

你在示範的，是人非聖賢，孰能無過，但我們不只誠心，還要積極面對過錯。

三、聲稱家人間公開透明、無祕密，但卻被青少年發現你藏了很多

其實，「公開透明、無祕密」本來就不可能。

每個人都有自己的隱私，都有一塊不想要被別人評價的部分。之所以說不可能，是因為父母也不會想要所有的東西、所有的事情，都攤在孩子眼前。

你可能說：「我不是這個意思。」但青少年會傾向認為就是這個意思。除非你能明確定義哪一些是隱私、是全家人都能各自保有的（例如日記）。

如果你只想要孩子對你無保留，但你想對他有所保留，那你可以直說（但他未來可能會有人際界線的問題），而不用聲稱「家人間」是沒有祕密的。因為，當你訴諸全家都該如此時，一旦青少年發現你在藏東西、藏祕密，他就會認為你這句話只是在「釣魚」，騙他自首、說出自己的祕密；或認為你只是單方在限制他，不可以有事情瞞著父母。

沒有祕密，是需要莫大的信任。我信任你會接受我，我才敢交出我的一切，這才會達到彼此沒有祕密的境界。如果有一方在藏，對信任來說，就是一種背叛。

大人避免單一教條式、哄騙式方式教養青少年

這樣的家庭，我往往會看到很多父母與青少年之間的諜對諜。像是我做一個假的，讓你檢查，然後我真的東西藏在別的地方。久了，不只藏東西會諜對諜，連孩子的偏差行為也會諜對諜。

在校犯錯，在聯絡簿上動手腳，家長就無法知道；偷父母錢，就像故事中的雅貞，即使你檢查她的錢包，她也會把錢先藏在別處，再回去拿。你一樣難察覺。

身教比言教重要，這雖然已經是陳腔濫調，但卻依舊是血淋淋的道理。很多時候我們無法說到做到，說穿了，是因為我們想傳達的價值觀，我們自己都無法完全相信，那麼要怎麼讓青少年能內化進心裡呢？

其實，我們不用把自己陷進這樣的困境裡，原因在於：**單一教條式的說法**（節儉、父母絕對不再犯錯、沒有祕密）、**哄騙式的說法**（家裡沒錢），**看似讓父母省去與青少年溝通的時間，但卻讓自己落入容易破功、動輒得咎、失去青少年信任的泥沼裡**（自己挖坑給自己跳）。

後續在教養上演變成與青少年諜對諜，反而更花時間，青少年的問題卻越來越大。你花很多力氣想掌握他們，他們就會花更多的精力來反叛你的掌控。

與其這樣，不如一開始就多花點心力，去設想青少年的需求，去設定符合他們年齡的行為標準，好的價值觀在這個過程裡，就會自然地傳遞出去，而且孩子和父母都有犯錯的空間。

犯錯不是罪過，
重點還是那一份「我們都想成為更好的人」的努力。

父母如何陪伴青少年面對情緒起伏的另一半？

——切莫在青少年面前批評另一半，這會加深青少年對他的仇恨

萬清的爸爸工作非常繁忙，當他回到家時，萬清不是睡了，就是在房裡念書，萬清的爸爸也不便打擾。

萬清爸爸自知陪伴孩子的時間不多，所以在難得面對面的時間，他會試著關心萬清的功課、成績，送萬清想要的東西。

但有時他會特別看不慣萬清的行為，認為萬清東西沒收好、學習不夠認真、習慣不佳、說話不夠有禮貌。

讀小學時，萬清對於爸爸突然的嚴厲會感到害怕、無所適從，還曾因為爸爸發大

飆而嚇哭過。

但上了國中後，萬清卻漸漸對此感到不耐煩。當萬清察覺到爸爸又開始變得挑剔，他會頂嘴，或就直接回房鎖門，不想再聽他多念一句。

而萬清爸爸看到萬清這種態度，更是怒不可遏。兩人的衝突變得更加頻繁。萬清媽媽過去曾勸丈夫對萬清不要這麼嚴厲，但當時他在氣頭上，反而還怪萬清媽媽沒有把小孩教好。

等事後氣消，萬清爸爸又一邊道歉，一邊懊惱自己與孩子的關係變差。萬清媽媽其實知道丈夫是關心這個家的，只是丈夫的情緒起伏如此之大，也讓她和萬清不知道該怎麼親近他。

身為父母，看著另一半的情緒起起伏伏，時而是一個好爸爸（或好媽媽），時而又對孩子很嚴厲。發飆時，全家氣氛搞差不說，親子關係也變得很緊繃。

自己無法了解另一半怎麼了，孩子更是無所適從，不知道今天的爸爸（或媽媽）是否可以溝通、親近。

長久下來，孩子會對親密關係、依附關係產生焦慮。（今天對我好，會不會明天就討厭我、不要我了。）

找個另一半不在的時間，好好解釋給青少年聽

孩子對於情緒不穩的父母，會有很多猜測。

想著自己一定是哪裡不好，或自己就是那個總被針對又不被父母愛的人。

雖然孩子的想像不一定合理，但卻非常有殺傷力。所以，找個另一半不在的時間，私下好好解釋給孩子聽，讓他能正確看待自己、正確看待父母的狀況，是非常重要的。

因為曾有過另一半好情緒時的互動經驗，你在解釋給孩子聽時，也比較有本。

可以從那些好的互動去告訴孩子：「爸爸（或媽媽）一直是愛你、關心你的，只

是他有時候會著急、對你有更大期待，會看起來很凶，讓你覺得他很嚴格。其實，他和我一樣，都是很在乎你的。」

孩子聽到這裡，可能會想起先前被凶、被誤會的經驗，而產生一些抱怨。先傾聽孩子的不滿，讓他得以好好抒發情緒。在了解他對父母的期待之後，再做解釋，並適時澄清孩子的一些疑惑。

最後才**引導孩子去思考利用哪些場合、哪些用語，較容易跟另一半溝通**，或是討論：「當他心情變不好時，我和你都可以想想，如何讓他心情不會更糟，如何讓自己減少受到影響。好比說，我們就不要急著回嘴，而先把我們手上的事情做好，像是寫好作業、收拾好東西。」同時，**肯定孩子的努力和體諒**。

切莫在孩子面前批評另一半，這會加深孩子對他的仇恨。

當另一半又再次因情緒不穩而責備孩子時，孩子會跟他產生更大的衝突與誤解。所以，有任何的不解、失望、不滿，請夫妻私下解決。

如何與另一半溝通他的情緒？

選在另一半情緒穩定的期間，才展開溝通。（因為在情緒不穩時易引起高防衛，也無法理智、客觀。）

提出一個今天另一半和孩子的好互動，先肯定這個經驗，再慢慢引導他看到在這樣的好互動下，孩子有更好的成長和表現，孩子也喜歡親近情緒好的他。

接下來，才**開始以關心另一半的口吻，提出你的觀察**：「前一陣子有段期間，是不是比較累、壓力比較大？我和孩子在擔心你是不是因此心情煩悶，說話比較急、比較大聲。」讓另一半能開始說出那段期間的狀態。

如果他能直接覺察當時的心情，兩人就有機會，進一步探索造成影響的原因。最終，他能真誠訂下「想讓自己心情更穩定」的目標。

但如果他還不能覺察其情緒帶來的影響，而是再度歸咎是孩子的行為問題，或是對方教養無方。

那麼，就要先把目標放一邊，先聽聽他對教養的看法。然後觀察，他所講的同一件事（例如在幾點前就要做完功課），在不同的時間點，是否有不同的寬鬆標準。如果寬鬆差異明顯與他當時的情緒有關，就知道我們的假設可能是對的，但他此刻意識還無法接受，我們就要再找別的時機談。

倘若是不同的事（要站在他的邏輯來判斷）才有不同的標準，這可能牽涉到他的價值觀和教養信念。

縱然與我們的想法不同，也要**先看到他背後的善意，把善意點出來**（例如你想讓他把握時間，多寫習題，是希望他能把基礎打好，讓他往後學習不會反覆挫折），**找出你們之間共同的價值和目標**，後面待他態度軟化後，才有機會讓他再去覺察自己情緒的影響。

是否有情緒或精神上的問題？

另一半是否有週期性循環的狀況？意即脾氣好、脾氣壞是每隔數天就會輪替一次？或是可以很明顯地看出來，每隔一陣子就會沒來由地情緒不穩？而這種情緒不穩是否是跨情境的？也就是在家裡跟在工作場所的情緒表現，不會落差太大。

如果有週期性循環又有跨情境的情形，就要擔心是否有憂鬱症或躁鬱症的可能。這比較無法單靠溝通或紓壓就能緩解，需要醫學上的幫助。

有些人因為害怕被標籤，對看精神科有很大的抗拒。

其實，日常的失眠、緊張、焦慮，也能求助於精神科（部分醫院改名為身心科）。不妨以減輕睡眠困擾、緩解壓力及焦慮的角度，陪另一半一起去醫院「好好照顧自己」。

是否有情緒症狀？再由醫生判斷。但讓另一半認同「睡得好、吃得好、壓力少」，方是全家之福。

如果循環不明顯，或是在家裡才情緒很不穩，就要去探索那些情緒不穩的發生情境（例如親職角色有其無法調適的地方）。

因為在其他情境，他是能展現既有能力的。只要特定的壓力困境能解決，他的好情緒和親職能力就能自然恢復。

最難受的不是孩子不聽勸，而是和孩子成為最熟悉的陌生人。

願我們的善意，都能透過好情緒，連結到對方的心上。

輯二

青少年令人困擾的行為，背後是渴望被肯定與在乎

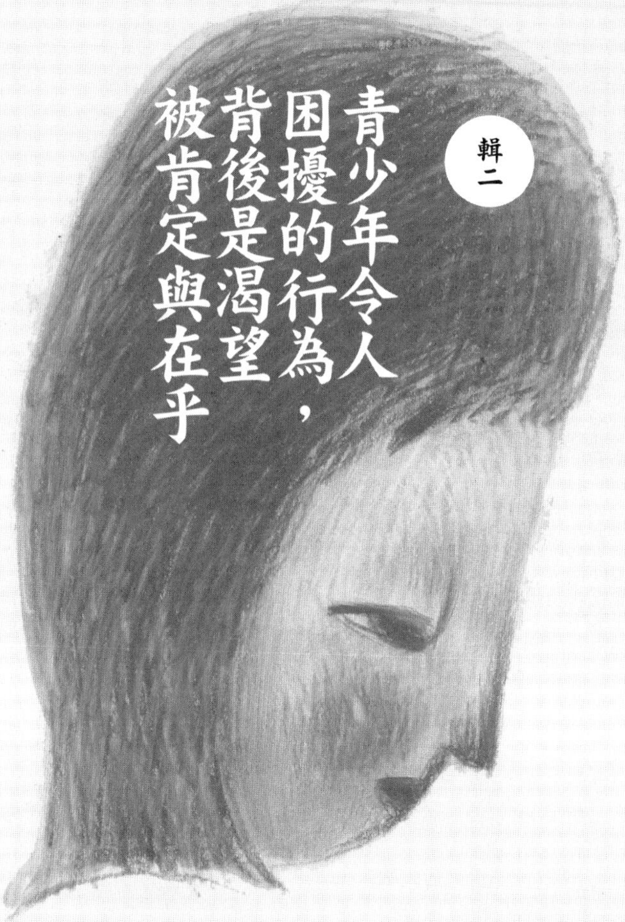

青少年愛在網路上嗆人，該如何引導？

——理解青少年嗆人背後的6個心理因素，以「對話」引導青少年思考對方處境

皓慶喜歡在網路上留言嗆人。

除了嗆跟他意見不同的人是白痴外，皓慶也到處跟人筆戰，還曾因為嗆得太過火，被人放話要烙人堵他，最後還是在學務處的保護與出面處理下，事情才落幕。

最近，一個有憂鬱傾向的同學在個人的網路頁面發文，表達自己難過、想死。沒想到皓慶竟叫對方「要做，就去做！」結果對方真的被刺激到去割腕，這件事在全班鬧得沸沸揚揚。

後來，大人找皓慶問話，皓慶還是一臉無所謂地辯道：「是他自己想死啊，我又沒有錯。這些討拍的人就是欠嗆！」

對方家長聽聞他這種態度，氣到要提報校園霸凌調查，甚至揚言要提告。

沒想到皓慶還是繼續嘴硬：「要告就來啊，最好是告得成啦，沒用的渣。」

青少年在網路上無故嗆人，大人膽顫心驚，青少年卻一臉無所謂。

想教青少年同理心，青少年卻不以為然。大人感到灰心、難過，懷疑是不是自己的教育出了問題。

確實，青少年在這一類議題上常常表現出桀驁不馴的態度。若想憑幾句話就要他們軟化態度，並懂得對他人設身處地著想，實非易事。

因為他們就是認為自己沒有錯，是對方太弱，為什麼不去要求對方「聰明一點，管好自己一點，反而要我來體恤他們，憑什麼?!」

所以，在改變青少年之前，要先了解青少年的心理：

1 說中了某些人的心理而感到得意，認為自己在拆穿假面具

網路上某些抒發情緒的文章，其背後動機的確有一部分可能是想討拍。

某種程度而言，他的看法不能算「全錯」。這也是他不能接受你糾正他的其中一個原因。

青少年疑惑為何「多數人」都看不清，還要給那個人拍拍呢？

「這實在太蠢、太假了，看我來戳破他，讓大家知道他在搞什麼。」

由於青少年對「虛假」特別厭惡。所以他會認為自己在做揭穿假面具的事，而這件事不該被直接歸類為壞的。

事實上，多數人也知道某些憂鬱留言的背後可能有討拍的成分在，只是我們不會選擇去刺激對方。一個成熟的人，就算沒有積極的義務要協助對方變好，也不會去做可能傷害對方的事。因為，成熟的人會己所不欲，勿施於人。

青少年矛盾的是，遭逢挫折時無法忍受別人的刺激，卻又一邊覺得自己不會遇到低潮。也**只有在多經歷幾次低潮與刺激，方會明白對別人寬容，也是對自己寬容。**

2突顯自己比那個人聰明又強壯，藉由網路攻擊，釋放壓力與不滿

其實不只是青少年，許多成人在網路上的性格也是格外好鬥。苦於現實無法競爭，自己的優勢無從展現，就轉而在網路上「大展拳腳」。所以他們對於「弱者」，只有嘲諷，沒有同情。攻擊別人，視他們為弱者，是恐懼自己成為弱者的一種防衛表現。透過攻擊，才能拉開自己跟弱者的距離，證明自己跟弱者並不是同類。

沒有被善待，就不會想去善待人；自己的感受不被人重視，就不會在意別人的感受。

雖然，會亂嗆的青少年未必都屬於這類。只是，有些過得不快樂的青少年，容易在網路上也讓別人過得不快樂。

3基本歸因的謬誤

心理學所謂的「基本歸因的謬誤」，指的是人們在評估他人行為時，傾向於高估

其個人因素，而低估外在情境因素。簡言之，有些青少年認為別人碰到問題，都是因為那個人性格不好、腦筋太笨，並忽視對方的不利環境。

像是憂鬱症，其實跟腦內神經傳導物質有關，他們卻認為那是性格太脆弱；像是某些特教生，因為生理無法克制的衝動而產生惱人的行為，他們認為那是裝病找藉口。

青少年會更容易有基本歸因的謬誤，主因是腦內認知處理不夠複雜、社會經驗缺乏，所以沒辦法用更多元、更長遠的角度去判讀一個人的行為。在資訊不足、認識不深的情形下，最簡單的判斷方式就是歸因於「全是那個人自己的錯」。

4 想稀釋罪惡感、分散責任，卻不知道後果的嚴重性

使用鄉民哏、網路迷因哏，會有一種好笑的感覺，還有融入相同次文化的歸屬感。像是「自信一點，把XX拿掉」就是一個網路鄉民用語。但在別人「我想要去死」的訊息底下留言「把『想要』拿掉」，可能會造成嚴重的後果。

青少年錯覺地以為「自己只是在開玩笑」，淡化了傷害對方的罪惡感。

然而，亂嗆別人、在網路上霸凌別人，確實是有可能造成對方身心嚴重傷害，甚至自殺。青少年未必知道自己言論的嚴重性。

這不僅是道德層面，還牽涉到法律。像是公然侮辱罪、誹謗罪、恐嚇罪、教唆自殺罪、民事侵害他人名譽。這些都是青少年逞一時口舌之快，有可能會誤觸法網的刑責。

5 即使知道後果，因為防衛機轉而使大人的勸告無效

「才不會那麼嚴重，那些人只是說說而已。」

「只會在那邊博取同情的人，真的去死，也是他活該啦。」

當你直接警告青少年後果的嚴重性，得到的可能是他這樣乖張的回應。

這是由於他不甘被指責而升起防衛機轉，接下來你講的話，他聽不進去，甚至可能為了反駁你而講更多歪理。

你越是表達焦慮，他越淡化風險發生的可能性。因為他如果不這樣做，他就得為自己的言行感到罪惡。或許大人想看青少年懺悔，但他就是不想這麼做，因為很沒

面子。

大人知道「負起責任」是嚴肅且沉重的。不是一句「不干我的事」就可以拍拍屁股，撇得一乾二淨。因為代價會在往後的人生不斷找上自己，假如你沒有真正面對它的話。

所以成熟的人，會區分人際界線的分寸在哪，不會沒事惹事。真的不干自己的事，就不會去管人家或冒犯人家。

6 同理心不足

我不會馬上就認為青少年是同理心不足，因為這樣的判斷容易使大人更加洩氣與憤怒。我會建議，在上面的可能性都看過之後，再來考慮同理心的問題。

同理心不是全有全無，而是程度上的差別。

或許，一個超級有同理心的人，連上述的情況都不會有。但我們也不必恐懼沒把小孩培育好，給自己太大的教養壓力。

孩子沒有幫助他人的大愛，是其次，至少至少，能己所不欲，勿施於人。

如果他真的是缺乏同理心的人，因為自我中心的緣故，他的行為可能更依循「趨利避害」原則。也就是站在他的角度，分析這種行為對他的利害，可能比起對他宣揚同理心，能更快讓他不做逾矩的行為。

至於同理心的培養，就再一步步長期訓練吧。

由上述可知，如果我們要讓青少年接受我們的勸告，可能要把握的原則是：**在減少他防衛心的前提下，讓他認識行為的後果，並部分滿足他背後的需求。**

一、先「看見」他的看見

我們不是支持、肯定他這種作為，所以我們不會去讚美。

我們只是**先不帶評價，用一種好奇的態度，並透過反映，表達我們理解他的思考邏輯。**

能「看見」他的看見，光是這樣，他背後的需求至少能有部分被我們接到。至於怎麼做？先好奇地詢問青少年，他是從哪個地方知道對方就是要討拍開始。

青少年：「那個一看就知道是要討拍啊！」

大　人：「我有看到她表達很難過、想死，但沒看到她說『來關心我啊』！你是怎麼知道她要別人安慰她呢？」

青少年：「她如果真的想死，她就不會po在那裡，還開地球（意思是公開權限），讓大家都能看到啦。」

大　人：「的確大家都能看到。不過，也是曾經有人po文讓大家都看到，後來真的去死了。你是怎麼確定她一定不會這麼做？」

青少年：「那種人平常就是在嚷嚷而已，也沒看到她真的去死過。」

大　人：「你的意思是，因為沒看到她嘗試自殺過，所以去死的可能性很低？」

青少年：「對啦！」

大　人：「所以你是有你的判斷依據的。」（我們不是在肯定他的判斷，只是反映我們了解他其實有看到一些什麼，並非無的放矢。）

大　人：「你認識她嗎？不然你怎麼知道她沒嘗試過？」
青少年：「我不認識她，但那種人都這樣啦。」
大　人：「那你有認識過真的會去死的嗎？」
青少年：「沒有。」
大　人：「嗯，雖然你也不知道她有沒有嘗試過自殺，但她跟你看過的不會去死的人有些像，所以你覺得她可能沒有嘗試吧，但你也沒那麼肯定。是這樣嗎？」
青少年：「嗯。」
大　人：「那萬一她是我說的那種，會po文，結果真的會去死的那種人，怎麼辦？」
青少年：「她死就死啊，干我屁事。她都說想死了，那是她自己要去死的。」

二、用「對話」引導他思考對方的處境

大　人：「不一定啊，你不是說她可能只是想討拍，原本沒那麼想死，結果看到你這樣嗆她，難過到不行，反而真的去死。」
青少年：「被嗆就去死，她也太脆弱了。那麼弱，乾脆不要活算了。」

大　人：「你是想說，要活在世上，就應該要堅強一點，是嗎？」（**不要被青少年的嘴硬刺激到，反而要嘗試去看到背後可能的善意。**）

青少年：「對。」

大　人：「所以如果她能堅強一點，她就能更好地活在世上，不會去尋死，對嗎？」

青少年：「對。」

大　人：「那你能讓她堅強一點嗎？」

青少年：「我為什麼要讓她堅強？干我屁事！」

大　人：「嗯，不干你的事嘛，所以你要不理會她也行，是嗎？那你為什麼要嗆她，讓她已經很弱了，還更弱到想死？」

青少年：「我就是看不爽她想討拍不直說啊，在那邊要死不死的，裝模作樣，超煩。」

大　人：「所以你希望的是她能更坦率地表達自己的脆弱、表達自己需要什麼，想要別人關心，就直說，是嗎？」

青少年：「對啊。」

大　人：「直說『我好難過，你們可以關心我嗎？』她如果真這樣po，你會笑她嗎？」

青少年：「會啊，我會笑爆她。」

大　人：「喔，你很壞欸。你不是才說想討拍就直說，直說就是怕被你這樣的人笑啊。」

青少年：「只會想討拍的人，被笑爆也是應該啦。」

大　人：「人家就是需要別人關心啊。難道你都沒有心情不好，需要別人關心的時候？」

青少年：「我需要別人關心的時候，我也不會上網討拍。」

大　人：「那你會怎麼做？」

青少年：「找朋友出去玩啊，打球啊，吃雞啊（手機遊戲）。」

大　人：「所以心情低落時可以讓自己感受到被關心，你能找到比她更多的方法。」

青少年：「對。」

大　人：「啊，她方法可能比你少，或你的方法可能她也試過，但是不適合她。」

青少年：「那是她的問題。」

三、最後再帶出後果的嚴重性

大　人：「嗯，的確她可能有她的問題或困難，而你也沒有義務要幫她。這樣你們就各過各的，她發生什麼事也跟你沒關係。」

大　人：「但如果你嗆她要死就去死，結果她真的去死了。我知道你會想說干我屁事，但……你還真的會脫不了責任。」

大　人：「她的家人可以告你『教唆自殺罪』，這是個一年以上，七年以下的有期徒刑。」

大　人：「我知道你只是想要她堅強一點、坦率一點，但你用嗆的方法，對方被你刺激到，不論她是不是太脆弱，你就是直接造成這個結果，會負擔法律刑責啊。」

青少年：「不會那麼衰啦。」

大　人：「嗯，我也希望你不會那麼衰。但要是賭輸了，你的一生就全毀了。為了一時的嘴賤，也太沒意思了。」

大　人：「看你是要換個方式激勵她，還是看到這種文章就滑過去，各過各的，反正不干你的事嘛。」

該說的都說了，我們已經把想要傳遞給他的資訊，也就是大人了解他的判斷、讓他知道對方可能的處境、後果嚴重性及法律責任都讓他知道了。

至於他會不會照做，當然還有其他因素影響，別忘了上面列出有6點原因之多，但至少透過這樣的方式，他不會斷然切斷或拒絕我們跟他的對話。

這一篇對話並非萬能解方。它的**目的是在透過一些原則，示範如何減少青少年的**

防衛，不卑不亢地讓對話順利下去。

在認知上，我們有機會藉此讓他學習與理解，然而情感層面則需要平時的「耕耘、灌溉」。

如果他是一個更有自信的青少年，平時環境就有舞台能讓他一展抱負、發揮長才，他就不會把精力放在網路上跟別人筆戰，透過嗆別人來表現自己的優越。

如果他是一個過得更快樂的青少年，他的感受是被人在乎的，他會更有意願去設想別人的處境，不以踐踏別人的感受為樂。

「人變得真正低劣時，除了高興別人的不幸外，已無其他樂趣可言。」——歌德。

願我們都能為孩子創造真正的價值與快樂。

明明很關心青少年，青少年卻說大人不懂他、不愛他？

——善用2個原則，讓青少年完成「我是誰？」、「我是不是被父母、同儕重視？」的自我認同任務

小婷因為情緒憂鬱而接受輔導。

小婷認為自己好的時候，可以跟朋友笑得很瘋，但往往沒幾天，又覺得自己很孤單，變得不想跟任何人說話。

「你的朋友能發覺你的變化嗎？」我問小婷。

「他們會知道我心情可能不好，但也不知道要怎麼安慰我，有時候甚至跟我一起

哭。」

「那麼，每次是什麼時候開始，你會覺得自己的心情怪怪的？」我持續問。

「有時候是……朋友他們說到一個彼此都知道的情況，像是誰喜歡誰，而我不知道。他們可能以為有對我講過，可是沒有，我就看著他們笑得很開心……」

「你有種被排拒在外的感覺？」

「對，我覺得我們不是朋友嗎？為什麼你們以為我會知道？還是小惠跟你們比較要好，所以她什麼都知道……」

在探索友情議題告一段落後，我們談到她對家人的感覺。

「你覺得這個家有誰是在乎你的？」

「沒有。我爸媽他們比較愛哥哥。哥哥成績比較好，上公立高中也沒問題。」

「你從哪裡覺得爸媽是偏愛哥哥的？」

「週末他們會問哥哥要不要去夜市，都不會問我。有時候還會買他喜歡吃的東西。」

「那你想去夜市嗎？」

「有時候我想去啊，可是他們沒問我，我就不想講，反正他們跟哥哥去就好。」

「你希望他們是主動來問你的，那種感覺不一樣？」

「對，不一樣。為什麼先問哥哥，而不問我呢？如果要我去講，好像是我硬要跟去，我就不想去了。」

「你想去，但不願意跟著去的時候，你就待在家嗎？待在家做什麼？」

「待在家，什麼也不能做。我覺得難過，為什麼我是一個人……」

後來，我有機會跟小婷的媽媽談話，我向媽媽確認小婷所提的夜市一事。

「我有問她啊。」媽媽有點喊冤地說。「但她常常沒有明確回答。我在樓下喊一喊，沒聽到答案，我就去問哥哥。哥哥說好，我們就去夜市了。」

「她說妳會買哥哥喜歡吃的東西，但沒有買她的？」

「我有啊，但買了，她又說她不喜歡，吃沒幾口就回房間，剩下很多，我們只好吃掉。之後我就不太敢買啊，怕買了，她又不吃……」

有的大人會苦惱於明明關心也沒少，也盡可能做到公平，但為什麼孩子上了國中、高中後，常常悶悶不樂；問他需求或意見，他都要死不活，還抱怨父母偏心，並表現出這個世界沒有人真的懂他、愛他的樣子。

因為，對青少年而言，他們得透過種種證明的行動，來完成各種認同。

心理學家艾瑞克森（Erikson）認為，青少年最大的發展任務，就是處理自我認同。這個時期，

- 青少年想知道自己是誰。
- 自己跟別人有什麼不同。
- 自己能成為什麼樣的人。

青少年想透過別人的重視來相信自己的價值。認同包含的層面極廣：能力認同、性別認同、社會角色認同、同儕認同、家族關係認同……

然而，人往往越想證明什麼，就越得不到證明。

他們最想證明，卻最難證明的，就是：「我是誰？」「我是不是被父母、同儕重視？」

他們比誰都還渴望獲得這兩項證明，而且要非常明確的那種。

但問題來了，多數人的日子過得平淡，你要怎麼非常明確地證明這件事情？（電影裡演的生離死別、天災人禍，我想所有人都不想在現實裡真的遇到。）

除非有些考驗；除非有些波瀾。**有些不安的青少年，其潛意識為此可能會主動製造考驗和波瀾，去測試他周圍的人。**

只有通過測試的人，才是真正懂我、真正在乎我的人。（很莫名，但他們潛意識可能就是這樣運作。）

不得不說，有些測試的方法對大人來說，可能很想翻白眼。像是粗魯沒禮貌、講話尖酸、故意嗆人、唱反調、要死不活、冷漠……

測試背後的矛盾心態，常見有三種：

一、不能輕易放棄我，但也不要死纏爛打、裝熟

一旦被他們判定為裝熟，你在他們眼中就是虛偽的人，就是不能相信的人。他們最痛恨虛偽的大人了。

你想跟他們建立關係，要避免被判定裝熟，**要點就是保持開放和好奇的心態**。不要對他們有價值判斷，不要不懂裝懂，不要你分享的比他們分享的還多（除非是他問你），更不要去戳破他的測試，這只會讓他們對你築起更高的防衛之牆。

二、我不想跟別人一樣，但又害怕落單

例如青少年為了證明自己是誰，而不想跟所有人有一樣的穿著、髮型。尤其像小孩一樣聽從父母的意見，那真的很遜。

三、我沒明說，但你要知道

「如果你不知道，你就不是真的懂我、在乎我的人」。

如果青少年知道自己要什麼，那還不算最困難的。麻煩的是，連他自己要什麼，他可能都不知道，但你在探詢他意願的過程中，你可以讓他感覺到你最重視他。否則，他可能會說你偏袒、你都沒有問他、沒有在意他的需求……（冤枉啊，因為你

說「隨便」、「我不知道」，我才幫你決定、才去問其他手足的。）

大人真難為?!

讀到這裡，你可能會覺得大人真難為。

不要緊，雖然他們對你表現出失望、憤怒，但**請記得：不要放棄。**他們其實是想給你機會的，只要你能越來越了解他的習性、喜好，一次的回應比一次好，越來能越貼近他的期待，他對你的信任和安全感會增加，無形之中，你也增加了他對他自己的信任和安全感。這是他**邁向「獲得證明」的過程裡，最重要的關鍵**。

我們不是要一味滿足他的測試而處處忍讓，而是人的需求沒被看見、還沒產生部分信任之前，我們對他說的道理，希望他學習的人際相處，很難進去他的耳朵裡。

測試＋信任＋學習

這是一個一邊通過測試、一邊獲得信任、一邊教他學習的過程。例如你們去挑生日蛋糕，你「幫她」挑中了她喜歡的草莓蛋糕。

她的表情和緩了，你可以說：「老實說，我剛剛是碰巧猜中的。我很希望能買到你喜歡的口味，你能快樂對我來說很重要。但我沒辦法直接讀懂你的心，就像你也無法完全猜中我的煩惱。**但我很想透過你的開口分享，來更了解你。**」

許多人想要成為某種自己能夠認可的英雄，若當不成成功的英雄（意即：跟多數人比起來是突出的），有些人就會假想自己是不被認可的「悲劇英雄」。悲劇英雄的價值是「不能」被人理解的（能輕易了解，那還算有價值嗎？），否則那異於別人的悲劇性就無法突顯。

只是，旁人對悲劇的關懷，很快就會消磨完，到頭來能證明的只有「自己很可憐，這世界很無情」，於是陷入憂鬱（即使如此，一旦放棄他，你就跟其他人一樣「無情」）。

幫助青少年相信自己的價值

為什麼說「越想證明什麼，就越得不到證明」？因為想證明的動機越強，所需的

「拿證據就要越明確，你才會相信。

可往往證據線索擺在你眼前，你也會質疑，覺得不夠「明確」，而忽視它。「拿在手上的證據就不是證據，只有還沒覓得的證據才是證據」。

可以想見，這樣的執念會讓人永遠得不到心中所渴望的證明。心，就這樣遲遲無法安定下來，久了會覺得，看到什麼都是「假的」。

青少年變得更加自我懷疑，覺得自己沒價值，覺得沒有人是真的在乎自己。**這也是青少年對生命感到無意義、對生活的一切感到無趣的主要原因之一**。

而什麼樣的證明，才是最有力的證明？那就是相信自己「已經是」自己想要的樣子了。

相信，是對抗求證無間地獄的最好解方。

當下能停止求證，

即發現「證據」早已在自己身邊了。

青少年在課堂上暴走？

——設置「冷靜區」，接住青少年的壞情緒，也教青少年處理負面情緒

阿強是個一生氣就容易暴走的少年。

據老師轉述，只要他跟同學發生口角，他就會想打對方，而通常那時他已經氣瘋了，即使老師出面喝止也沒用。

阿強曾經因為出手過重，把同學的眼鏡打碎。碎裂的眼鏡割傷同學的眼角，對方家長揚言要提告。

雖然晤談之初，我就表明來談的目的是因為老師擔心他無法控制憤怒，可能傷害了

同學，也弄傷自己。但還是花了一些時間，在諮商關係較為熟絡之後，阿強才願意談他生氣的事情。

他發現，當他生氣起來，整個人像是沒有意識，不知道自己在做什麼，等到他較清醒時，對方可能已經被他揍扁在地上。

「這會影響你的人際關係嗎？」我問阿強。

「不知道。同學可能滿怕我的。」阿強有點無奈。

「你喜歡他們怕你嗎？」我進一步問。

「不喜歡。我只希望他們不要惹我就好。」

「聽起來別人已經不敢惹你了。那是什麼原因，讓你不喜歡別人怕你？」

「他們不會主動來找我講話。」

原來，阿強也有發現，自己失控的憤怒，會讓他更難交到朋友。

而且，失控如果是發生在接近上課時間，即使他已冷靜下來，要走進教室，同學們的目光還是會瞬間集中到阿強身上。

阿強討厭這樣，但是他不知道該怎麼辦。

幸好，學校的輔導老師很關心阿強，而他在學校裡最信任的也是這位老師。阿強曾經多次向輔導老師透露，希望在班上能多一點朋友，希望自己生氣的時候，可以不要這麼失控。

於是，我把他跟輔導老師一起找來，我們三個人一起擬定阿強的「冷靜區計畫」。往後，只要阿強失控，輔導老師就會出現，讓阿強跟著他，到別的地方冷靜。導師也協助配合，要班上同學不去注意他，讓阿強可以比較自在地從教室後門默默回到座位上課。

慢慢地，阿強失控的頻率和所需的冷靜時間都有降低。阿強對於自己生氣的過程，也越來越有意識地掌控了。

面對情緒控管不佳的學生，老師可能要花很久的時間才能讓他平復。偏偏這一類的學生「毅力」驚人，鬧一節課是家常便飯，鬧一整個早上也所在多有。

如果用高壓方式處理，只怕是提油救火，學生情緒會越加失控。這也讓老師相當為難，如果要花大量時間安撫，那麼班上的其他學生怎麼辦，還要不要上課？

對此情況，首先我們要有可行又清楚的目標認知：

- 期待一分鐘就能讓對方安靜下來，是超乎現實的。如果他是常暴走的學生，你至少要給他五至十分鐘的時間。
- 承上，所以你得先訓練班上的同學有五至十分鐘安靜自修的能力。
- 如果暴走會超過十分鐘，或班上不只一位同學會暴走，你就需要其他行政人員的協助。
- 平時就要與暴走的學生討論負面情緒來時的做法。
- **目標是要讓暴走的學生學習與負面情緒共處，而不是立即安靜、聽話。**

以下，我就各原則再詳細說明：

一、五至十分鐘的冷靜時間

每個人面對負面情緒，所感受到的衝擊、需要花多久的時間平復，都是不一樣的。

有暴走狀況的人，就是負面情緒的處理能力比別人不足，但他可以透過練習和培養來跟上一般人。

人之所以會暴走，就是因為當下內在無法處理、消化那些負面情緒，它像排山倒海而來，淹沒了他的理智。而那一刻，即使旁人理智規勸，他也是聽不進去的。

至於斥責、威脅等壓制類的做法，他不僅不會因畏懼而聽從，反而會升高他的敵對壓力，覺得「你們就是針對我!!」，而激發更多的腎上腺素，讓他的內在更加爆炸。

面對一個會暴走的學生，給他五至十分鐘的時間去消化情緒，算是合理的範圍。如果他的能力比較好，甚至不用特別陪伴他，只要讓他在自己的座位上不被打擾，同時也要求其他同學不要打擾、不要嘲笑他。

等他情緒過了，再提醒他將注意力放回到課堂上即可。

二、訓練班上同學有五至十分鐘的自修能力

如果是國小低年級的班級，可能要另外找老師協助。但如果是中年級以上，平時

若能給予這樣的訓練，對於老師要處理任何突發狀況而無法待在教室時，是非常管用的。

首先，由老師說明未來可能遇到的一些狀況，例如有同學受傷、有緊急要事要處理等等，**表達「老師需要大家的合作」**，並討論在自習的時候，同學可以做些什麼，例如讀哪一課的課文，練習寫哪些習題，或是練習冥想等，並請班長、風紀股長等幹部協助管理秩序。

設置「冷靜區」

如果暴走的同學可能是因為感受到旁人的目光或有其他令他糾結的原因，而無法在自己的位子上冷靜，不妨思索在班上設置「冷靜區」，例如在教室後方的一個角落設置冷靜區，讓暴走的同學在冷靜區冷靜後，再自己走回座位。

情況若是更嚴重，可能要在校園裡另外設置一個獨立的冷靜空間，例如閒置的空教室，但教室裡不要有任何的東西，以避免被砸壞或造成暴走的學生受傷，而老師要在那空間裡陪伴該生冷靜。

由於「冷靜區」的設置，對所有的同學而言，都是特別的存在。因此，**老師在設置之初，要把它「一般化」，不要讓同學覺得「這個根本是專為某人設計的」**。

老師可以對大家說明：「每個人面對情緒，需要消化的時間本來就不同。無論是誰，只要碰到很生氣或很傷心的時候，都可以在冷靜區讓自己平靜下來。平靜之後，我們都歡迎你回來跟我們一起上課和活動。」

三、其他行政人員的協助

如果暴走會超過十分鐘，或班上不只一位學生會同時暴走，或跟暴走學生有更多延伸的情緒糾纏，你可能就需要其他行政人員協助，特別是學務處。

讓他們有人能協助你把暴走學生先帶到校園內其他的冷靜空間，讓你可以繼續進行原班的教學。

不建議由輔導室的人帶學生去冷靜空間，因為會讓學生對輔導室產生「做錯事的人會被抓去那裡」的錯誤連結。一旦產生這種連結，往後學生會對輔導室產生抗拒，自然也難有輔導成效。

陪同冷靜的人員或老師，不用特別對暴走學生多說什麼，也不用多做同理，**要做的事情就是靜靜地陪伴他，維護他的安全，也阻止他破壞或是傷害自己，並防止他逃出冷靜空間。**（讓學生有機會練習處理負面情緒，而不是逃避。）

不責罵他，也不問他事情緣由，因為這些都要等他情緒風暴過了之後再做，否則容易火上加油。

四、處理順序：首先冷靜，其次懲處，最後才是輔導

暴走的當下是無法對談的。對於想要獲取關注的學生，你的同理，他可能解讀成：「這樣發飆，的確能獲得大人的注意」，而給了他繼續發飆下去的動力，直到得到他想要的。

所以在暴走的當下，我們不對他說什麼，但我們在旁邊陪他，讓他覺得自己不是被遺棄或是被懲罰。另外，眼睛不看他，因為有的青少年會因此感覺到羞愧而更加暴走。

如果因為你在場，他會一直朝你攻擊的話，**你可以簡單表達「我會一直在門外陪**

你，留意你的安全」後，就在門外等他。

最好門是開著或是有窗戶，能讓你觀察到裡面的安全狀況。

千萬不要講成：「你給我待在裡面反省反省」，這樣又變成懲罰了。

「冷靜區」不該被當作是懲罰，而該被視作「人人都有機會在那裡練習自我緩和情緒」。如果學生把「冷靜區」與懲罰連結在一起，下次他會更抗拒被你帶去「冷靜區」。

只有兩種情況，我們在「冷靜區」會有例外於上述的做法：

▲如果他是那種會在腦袋裡一直想像「別人對他多不好、自己多委屈」的人，那麼，他就需要有人透過同理，幫他中斷敵意的想像（被理解後，注意力就不會一直放在防衛上），因為這些想像會讓他的情緒一直無法平靜下來。

▲暴走的情況非常誇張，特定的輔導老師因為學生特別信任他的緣故，有他陪同，能讓情況緩和下來，這時候才由輔導老師陪同至冷靜區。（因為本來就有

信任在，學生不會混淆輔導與懲罰。阿強就是屬於這種情況。）

當學生稍微冷靜下來後，把他帶到學務處，這是藉由空間的轉換讓他區分空間的意義，而真正的訓斥、詢問緣由、懲罰才在這時候上場。

學生接受懲罰是重要的。不能因為怕他再度暴走，就選擇放過他，這樣他會無法學到不良行為需要付出代價，反而覺得「只要會吵、會鬧，就能讓大人投降」。

那麼，輔導在什麼時候上場呢？在學生已經回到原班上課、幾節之後的課堂或中午休息時間，再抽離出來一對一晤談。

輔導不詢問事情緣由，因為知道「誰是犯人」是學務處（或導師）要做的。如果輔導代為做這件事，同樣會讓學生分不清楚學務處與輔導處的差別，造成學生沉默、抗拒。

輔導的出發點是關心學生情緒，因為先前他才經歷了情緒風暴，這是難受的。學生能透過輔導的過程梳理情緒、表達感受，這會有助於日後越來越有能力控制自己的情緒，縮短暴走時間。

五、平時就要與暴走的學生，討論負面情緒來時的做法

如果平時只有高壓，而沒有任何關心，暴走就會變成他可以反抗你的機會；相反地，如果**平時能與暴走的學生建立關係連結**，他在暴走時，就越有機會聽從你的處置。

而且如何處置，變成是可以與之討論的議題，這也可以讓他覺察、正視自己的狀況，**學習為自己的情緒行為負起責任**。

由於你們有關係連結，他信任你不會貼他標籤，他信任此刻的討論是為了幫助他，在這樣的前提下，他才會願意真心去執行討論出來的做法。

討論時，老師從旁提出建議，讓處置的做法變得可行且具教育意義。

例如和他討論：

- 冷靜區要設置在哪裡？他能夠自己走去冷靜區嗎？
- 當他待在冷靜區時，希望老師和同學怎麼做，是要關心，還是都不要看他？
- 他在冷靜區可以做什麼事，讓自己冷靜下來而又不會影響到別人？例如撕

紙，撕完，自己拿去垃圾桶丟？

他什麼時候可以回到自己的座位上課？

綜上所述，我們的目標是要讓暴走的同學能學習與自己的負面情緒共處，這需要數週的時間，才能一次次進步，也才能逐漸縮短暴走的時間與強度。如果只是想著「他能不能閉嘴聽話啊？」我們就看不到眼前的他，也就更做不好安撫。

能在尊重的環境下學習面對自己，青少年就不需要在人前暴露自己的困窘了。

青少年酸言酸語，干擾上課？

——酸言酸語的背後是想獲得關注，擅用3種情境「對談」來解決

班上，總有個人喜歡講些有的沒的。

當導師宣布添購新的掃除用具，他說：「不到三天，就會壞掉囉……」

當老師表揚某位同學考試進步。「啊不就很厲害！」他露出不屑的神情。

當班上獲得資源回收比賽第一。「撿破爛，我們班最會！」他充滿嘲諷。

當同學拾金不昧，將撿到的錢交給老師。「白痴，嫌錢太多，就給我啊。」他邊取笑邊說。

這一天，班會要討論校慶的園遊會擺什麼攤位，但每一種攤位，他都有意見。
有人提議賣炒麵，他說：「誰要買啊？看起來就窮酸。」
有人提議賣冷飲，他說：「我從外面買手搖杯就好，你是能比他們好喝喔？」
若直接問他的意見，他卻又說：「問我幹麼，你自己不會想喔？」
「那你就不要有意見啊。」有同學已經開始不爽了。
「是你的意見太蠢啊，怪我喔？」

有遇過什麼事都要酸一下的青少年嗎？即使是好事，被他嘲諷之後，氣氛都會變得尷尬。
如此沒頭沒腦的酸，制止他，他又會開始耍油條。偏偏他的意見偶爾又有點道理，這時該怎麼回應呢？

先觀察：有人會一起附和、共鳴嗎？

每次他講完後，觀察這些言行會引發其他人什麼回應和結果。

如果只是下意識發自內心，講出心中的感想，沒必要音量大到讓其他人「每次」都聽得到。有人附和，他會覺得自己被注意到了；沒人附和，但招來白眼或被叫閉嘴，他也會覺得自己被注意到了（總比沒有存在感好）。

如果同學毫無反應，但你出手干預了，他就是被你注意到了。同時，同學也會因此注意到他。

所以這裡要說的是，如果同學對此真的毫無反應，我們不妨可以跟他們一樣，不做反應，繼續進行原本要做的事，看看他會不會持續這樣的行為。

另外，我們也不要當場等著看他的反應，因為他會知道你們其實是在意他的。

「忽略法」的訣竅

如果好幾次下來，同學與身為老師的你都毫無反應，好像大家聽到他講的是一句類似「這是一枝筆」般平凡無奇的句子，大家連皺眉都沒有，但他還能持續下去，這就比較奇特了。

因為「忽略法」之所以會失敗，很多時候是我們以為大家都有做到忽略，但其實仍產生一些小反應，只是我們覺得太細微了，但他可是有好好在觀察，並「收進心裡」，變成正增強。

這也是在處理任何課堂干擾行為時，使用「忽略法」必須注意的地方。

所以我會更建議，如果真要使用「忽略法」，還需要搭配以下的做法，又或是直接運用下面的做法，**讓他的需求能得到一些滿足**，這種傾向才會真正消失，而不是又變成另一種怪誕行為。

如何透過晤談，化解這樣的行徑？

如果學生覺得被針對，那麼我們就私下找他來談。**態度是從關心他的角度出發，而不是怪他影響班級氣氛，這樣他的防衛馬上就會起來。**

例如：

大　人：「我注意到你好像有點悲觀喔，例如（可以舉你觀察到的例子）……是什麼會讓你馬上想到壞的結果？」

青少年：「啊，掃具就真的很快會壞了啊。」

大　人：「是在正常使用的狀況下嗎？還是有些人會用奇怪的方法用它們？」

青少年：「學校買的東西就爛咩……」

大　人：「聽起來你有跟其他地方比較過？是不是之前學校的東西有讓你失望的經驗？」

這樣談話目的並不是要刻意談到哪一個特定的方向，重點只是我們用「認真看待他所說」的態度來關心他。

因為有這樣的過程，我們可以知道他說的是不是有道理。如果有理，我們可以推薦他把議題帶到班會時間，讓大家都有機會一起討論。如果無理，但因為我們很認真地看待他所說的，他也會自討無趣，往後就會懶得再用這種方式吸引注意。

倘若他開始透露他最近情緒不佳、遇到什麼煩惱，我們還可以直接順勢幫他輔導、解憂。**或許他的目的，只是想要別人發現他的狀況不對。**

如果當時有人附和他或起鬨

那麼就問他：「班上還有其他人跟你有類似的感覺嗎？我聽到有幾個同學有附和你說的……」

然後找個時間把其他人一起找來，用上述提到的方式和他們認真討論。

如果他們講半天也說不出個道理，他們心裡可能就會想：「這麼無聊的起鬨，竟然讓導師這麼認真看待，結果變得更麻煩和無聊了……」**因為我們保持關心的態度，而不是責罵，他們也缺少可以反抗和說嘴的點。**

如果當時沒有人附和他

那麼話題就可以帶到：

大　人：「我注意到班上沒有其他人有跟著說類似的看法，你認為他們是怎麼想的？」

青少年：「我哪知道啊。他們也覺得爛，只是沒說而已。」

大　人：「你覺得他們在當時為什麼不一起說出來？」

青少年：「假啊！孬啊！」

大　人：「所以你想用真誠的方式讓我知道？」

青少年：「對啦！」

大　人：「好，我知道了。你也讓我了解到，你可能比其他同學更在意新東西就這樣壞掉。」

我們表達明白青少年的意圖，且備好台階

不過，若青少年是回應：「我才不在意，我只是覺得它很爛。」「你希望買到的是好東西嗎？」我們再給他一個台階。

如果他繼續說：「我才不在乎。」

我們可以回應：「你不在意它，卻總是大聲提前預告它會壞掉，是想要讓別人能注意到你？」接著，我們要馬上說：「不對，不對，我猜錯了。你只是想要提醒別人東西的好壞，對嗎？」

一旦我們決定戳破他，就要馬上推翻自己的說法，這是要讓他知道我們其實明白

他的意圖，但給他台階下，讓他不會升起防衛而更加故意。

以上的對話，只要他收了我們的台階，我們就肯定他、謝謝他的善意，那麼就可以結束對話。

不要太快判定青少年是在找碴

下次，當他又在班上講類似的話，**你就可以當著全班，對他說：「我知道你是想要……（說出他背後的善意），很不錯喔，不過，你可以用舉手的方式講。」**

如果有同學反駁：「才不是咧，他只是嘴賤！」

你就回應：「我看到他點頭了。我想，抱怨話的背後可能都有那個人想關心的意圖。以後大家想表達意見，請用舉手的方式，並且除了抱怨，也把你想關心的真正目的試著講出來吧。」

如果學生是想吸引注意，這是個徵兆。

一來是他可能有人際的需求（要觀察他的人際狀況）、被關注的需求；二來是他可能對此環境有不滿的地方。

以上的做法，重點在於既能部分滿足他被關注的需求，並藉此引導到好的反應模式上。

但人際的需求，還需要其他輔導資源的協助；其次，如果他是因為不滿而藉此製造事端，還是得從原本的衝突來著手。

最後，我建議不要太快判定青少年就是在找碴、在對我們不滿。因為**一旦我們認為學生在找碴，心態上就容易變成較勁**、變成輸贏。由於沒有人喜歡輸，他就只好鬧更大。

相反地，若他能從我們的關注裡獲得包容，他就沒必要透過酸來建立「個人風格」，而能更自在地與別人相處、融入班級了。

愛開酸的人，生活欠甜。

我們的認真對待，中和了他無以名狀的酸楚。
心靈有餘裕，才嚐得出生命裡的糖。

為什麼對青少年說「你如果不努力，你會……」無效？

——操作「危機感」時的3項原則，以及留意帶來的效應

浩浩是個國二男生，他時常缺課，但即使上課，他也是趴著睡覺。

浩浩的學習程度停留在小學中年級，他會寫的字沒幾個。

浩浩的導師很是憂心，時常用各種道理苦勸他學習。

「你再不念書，會考就要到了。等到了國三，你會更跟不上。」導師說。

「我不想念書，超無聊的。」浩浩擺明著說。

「可是念書才有學歷，才能找到工作啊。」

「我去便利商店打工、去當 YouTuber 又不用學歷。」

「但你生活總要用到吧。乘法、除法都不會，算錢、找錢也會出錯啊。」

「我有計算機啊。」

「字總要會寫吧？」

「大部分的字我都看得懂啊。而且大家都在拍影片，文字沒有人要看啦。」

「你想當 YouTuber，總要充實自己，才有內容，人家才想看啊。」

「……老師，你有沒有看過搞笑的影片？他們超好笑的，他們的影片跟課本一點關係都沒有。我覺得我可以搞笑，朋友也說我很好笑。」浩浩不知哪裡來的自信。

「YouTuber 有那麼好做嗎？萬一養不活自己，怎麼辦？」導師覺得擔心。

「拜託，他們月收好幾十萬好不好！根本不用念書，去做一般無聊的工作。」浩浩一臉老師沒見識的樣子。

導師發現浩浩把從事 YouTuber 想得太簡單。導師希望他至少在學校學習一些基本的知識，才能在職場上生存。

但導師不知道該怎麼講，浩浩才會聽進去。好像無論說什麼，浩浩都一副老神在在，是導師擔心過多的樣子。

大人越製造「危機感」，青少年越逃避?!

大人看到小孩當前的行為，很是替他憂心，所以我們想告誡他，希望他能好好想想自己的未來。

於是大人會對青少年說：「整天一直玩，又不好好念書，成績那麼差，以後考不上大學，怎麼辦？」或是：「一直偷拿別人的東西，總有一天你會被警察抓走，你的人生就毀了！」

理論上來說，如果一個人真能意識到自己有危機，從而警醒過來而投身努力，那就是大家常說的「危機就是轉機」。

但這有個重要的前提是：你口中的危機，能夠確實讓他徬徨失措，讓他無法再用舊模式去因應嗎？

如果無法讓危機「到位」，你去製造危機感，反而更會強化他慣用的逃避模式去因應，讓他的舊模式更為固著。

舉一個最常見的例子，當你對整天關在房間裡的孩子說：「以後大學考不上，怎麼辦？」

他會怎麼反應呢？

十之八九會關上房門，不聽你嘮叨之外，遊戲還玩得更凶、更久，連吃飯時間都不願意走出房門。

因為，這就是他一直以來「面對」危機的方式。他早就以此來面對「成績不理想、學業沒興趣、茫茫沒未來」的危機，用遊戲的快樂和成就感去遺忘這個危機。

你以為他沒看到危機，但事實上，他可能內心比誰都清楚，只是他抗拒去承認。

你製造的危機感無法讓他徬徨失措，主要的原因有三個：

一、這是你認為的危機，還是他認為的危機？

如果追求學業成績一直都不是孩子內心的需求，就算功課爛，也不會被他認為是危機，頂多覺得有點丟臉。

危機要建立在需求之上，例如很想交男朋友的少女，如果臉上長出痘痘，對她來講就是危機了；但對父母而言可能不是，父母很難理解長痘痘為什麼會讓孩子反應這麼大。

你想推動孩子改變，用剝奪其需求來製造危機，例如把電腦砸了，這也是不可行的。如果危機明顯是你製造出來的，那麼要怎麼解決危機呢？那就是找你「解決」，跟你大呼小叫、摔東西……

二、你說的「未來」太遙遠

孩子等待酬賞的能力通常比大人弱。年齡越小，願意等待的時間就越少。如果他自小沒有養成思考計畫與實踐計畫的能力，要他跟你一起看向遙遠的未來就更難了，因為思考計畫與實踐計畫的能力是需要特別培養的。

對一個兒童、青少年說大學的事，其危機感可能不如「要是明天手遊抽不到大禮包，該怎麼辦？」。

對一個缺少計畫、思考的青少年來說，以一個學期當作目標區間可能已接近他的極限了。

三、防衛機轉

心理學所稱的「防衛機轉」，是指人類在面對焦慮情境時，在心理上所做的調適機制，以此來降低壓力和威脅感。但這機制通常不是讓人去正面面對問題，反而容易讓人逃避問題。

你製造的危機感，常會被以下幾種機轉給「化解」：

1 否認

否定當前的情況會造成危機。高估自己的能力，低估可能的風險。認為衰的事情不可能發生在自己身上，即使發生，自己也一定有能力去逢凶化吉。青少年常不顧危險做一些衝動的事情，就是運用此種「防衛機轉」。

2 合理化

將危機的情況以掩飾的方式重新詮釋，告訴自己「沒那麼糟」，但在旁人看來可能像是自欺欺人的說法。例如：「我這次是因為粗心才成績不好，跟我念書時間太少沒有關聯。」「我只是不想成為讀死書，將來成不了大事的人。」

3 隔離

指的是把負面的情緒隔離掉。所以你說的危機，在他心裡並沒有引發什麼情緒，他聽完後，只說：「喔，我知道了。」接下來依然故我。因為那些話對他而言，就像「等等記得下樓吃飯」那樣的「平淡」。

4 壓抑

你提醒他可能失敗的線索，對他來說有點痛苦，於是選擇性遺忘，隔天就記不起你話中的細節，只記得「我爸媽昨天好像叫我要好好念書」這種不痛不癢的結論。

事實上，要利用「危機感」來驅策對方並非不可行，但需要一些條件配合，而且要留意它可能帶來的其他效應。

以下是操作「危機感」的原則：

一、恐懼源對他而言是鮮明、靠近的，而且他相信會發生

十條街外的火災，你不以為意，但燒到隔壁家，一定會讓你腎上腺素爆發。比起未來考不上大學，跟他說「現在不念書，這次段考會掉到班上倒數」，他還比較有感。

不過，前提是他對成績排名還是在意的，而且過去他真的發生過太晚念書，成績掉到倒數的經驗，他才會相信，他也才會緊張，你的危機提醒才會喚起他的動力。

動力來自於你的提醒，喚起了他腦內不好的影像、聲音或感受。細節越多、越鮮明，他的恐懼感會越大，所以僅能偶一為之，並且適可而止。**太常做，他會麻痺**，而且**恐懼引發得太過火，反而會讓他焦慮到無法動彈**，放棄掙扎。

二、需要有基本的因應方法和自我效能

危機造成的恐懼感是有了，然而不懂因應策略的人，卻只能癱瘓、不知所措、動彈不得，所以在拋出危機感之前，要先了解對方有基本的因應方法和自我效能，例如知道怎麼準備功課，而且這個準備方法對成績有幫助。

大人可以簡單問青少年之前段考時都怎麼準備功課，要花多久時間。當大人這麼問時，**「需要的方法」和「需要多少時間」就會自然進入他的意識中。**

三、站在他的角度提醒他，但不要比他還擔心

就像明天要搭飛機的人，他知道自己今晚要早點睡，你的提醒只是讓他意識上知道要預留多少睡眠時間。

當他意識上已經知道了，**我們還持續比他擔心，他就會覺得煩，防衛就跟著來。**

越能從他的角度和狀態去提醒他，他才能越把我們的擔心收進心裡，視為一種真誠的關心。

此外，操作「危機感」還需要留意它帶來的效應：

1 恐懼只能讓人避免最壞的結果，無法讓人卓越

就像害怕被排擠的人，他的努力頂多是讓自己不會成為最被討厭的對象（有時還事與願違），但不會變成受歡迎的人。

而那些度過危機，最後邁向成功的人，他會在過程中將避免失敗的目標轉為正向期待，例如想讓大家跟我在一起時會很快樂。這樣的轉變，自然離受人歡迎不遠了。

2 利用恐懼所設下的目標，一旦失敗，會帶來更大的負面情緒

「如果我掉到倒數第十名，我就會完蛋。」設下如此條件的結果，當真掉到倒數第十名時，會感到天崩地裂。（畢竟恐懼要夠強烈，人才會真的動起來。）

而每一次的絕望，又要用上更多的力氣才能再站起來；即使成功擺脫倒數第十名了，頂多鬆一口氣，也不會有太多的喜悅和更往前的動力。

3「危機感」只能短暫使用，不宜頻繁或長期使用

人類都不喜歡負面的感覺，希望能趕快擺脫它。只是再大的壓力，久了，還是能適應，一直到壓力大到超出負荷、身心崩潰的那一天。

4用「危機感」當目標，容易讓我們把注意力放在失敗，而這更容易導致失敗

注意力若放在成功，就容易發現生活周遭成功的線索；注意力若放在失敗，就容易聚焦失敗的前兆。這兩種方向會導致完全不同的結果。

發現越多成功的跡象，你會告訴自己：「我好像會成功喔。」心情會愉悅、穩定，並且會好奇自己做了什麼，積極地想多做一些努力。

發現越多失敗的徵兆，心態就先崩解了：「完了，完了，我要失敗了。」心情變得沮喪、無力，做事開始提不起勁。結果就是病急亂投醫，或提早投降、逃避。

綜上所述，操作「危機感」也不適用在已經自我放棄的人身上。

對方需要有一點過去成功的經驗，而在提醒他之前，要知道他在意什麼。選一個

最近可能發生的結果，站在他的角度提醒他，並適可而止。
之後，要轉成正向期待，化為能持續長久的激勵。

如果我們看得到他光明的未來，不久後的某天，他一定也同樣能看到。
而我們想提醒他改變的事情，到了那天，他就會自己激勵自己了。

青少年追逐大人世界的物質欲望、亮麗外貌？

——不可不知的5個隱憂以及4項建議，讓青少年重回正軌

「我覺得班上的同學都很俗。」蘭倩的眼神飄向窗外，一邊吐出這幾個字。

「我跟她們去逛街，她們聊天的內容、買的髮飾，我也覺得好幼稚。

「國一的時候，我還滿常跟她們出去的，但國二，我就很少跟她們往來了。」

「那你在班上比較熟的朋友有哪些？」我問。

「沒有。我現在跟班上都不熟。」蘭倩搖搖頭說。

「你現在比較熟的朋友是誰？」

「XX國中的那兩個，還有乾姊。」蘭倩指的是現在會一起去KTV、夜遊的那些

校外朋友。

「我跟她們翻臉了。」兩星期之後，XX國中的「朋友」，因為跟蘭倩喜歡的男生搞曖昧，又在他面前說她壞話，她就和他們絕交了。

在大致了解發生什麼事之後，我問心情低落的蘭倩：

「你有可以說心事的朋友嗎？」

「……沒有……」

「你很難過的時候，都怎麼辦？」

「喝酒，大哭，不然就拿美工刀割自己……」

我知道蘭倩一直都很孤單。雖然放學後的她，據老師轉述，是個打扮亮麗成熟、看起來像大人的少女，但她長期有情緒、自傷的問題，每當遇到感情不順或人際挫折時，會透過這些極端的方法來麻痺自己的痛苦。

此外，她在班上話越說越少，同學也越來越不了解她。這造成同學以為她不想參與班上事務，班級活動就也沒有把她算進來，或是分組時沒有找她，但她卻為此感到受傷。

蘭倩覺得待在學校很沒意思，也越來越常蹺課不到校。

青少年嚮往「大人世界」的三樣東西

許多青少年的心中都有個期盼：希望自己能跟大人一樣。大人光鮮亮麗的生活、成熟世故的一面，成了他們心中無限的嚮往。

而嘗過這種光鮮滋味的孩子，要他們變回一般純樸的國中生、高中生，幾乎是很難。

就好似看過滄海就難為水，眼下同學的單純生活，他們看不上眼。他們會覺得班上同學好幼稚、好俗、好窮、好醜、沒品味……

青少年很容易嚮往「大人世界」的三樣東西：

- 光鮮亮麗的外貌。
- 滿手鈔票、名牌的物質。
- 成年式的愛情。

關鍵的時期，通常在小學高年級到國中一、二年級。這段期間，如果接觸到超過同齡孩子所會有的物質享受或社會經驗，就會越來越回不去了。

例如小六的女生，交了一個國三或高中生，甚至是成人的男友，這會讓她有「自己可以像大人那般發展男女關係」的錯覺。

「成年人的交往關係原來是這樣，我才不想再談什麼小孩子的戀愛。」他們會以為自己跟大人沒什麼不同，但說穿了，青少年其實就是「沒本錢」可以學大人，所以容易投注足以毀掉一生的代價。

大人有合法賺錢的技能可以養活自己，大人有更好的社會判斷，可以避免被騙財騙色的陷阱（就算被害，也比較有能力重新站起來）。這些青少年都缺乏，但他們認為衰事不會降臨在自己身上，認為大人可能是瞧不起他們，或只是想限制他們。

青少年「看好，不看壞」的心理傾向

說起來，青少年過早接觸這些人事物，容易發生問題，著實是來自於青少年那種「看好，不看壞」的心理傾向。

只要是他們有興趣、想要的，就會在心中放大其美好的表象，並忽視其中可能的代價和風險。

這不只是人生經歷不足、缺乏判斷這麼簡單，還有青少年容易受情緒波動影響而侷限注意力，難以全面、理性地去評斷人事物；並且**習慣透過放大優點、忽視弱點的方式，壯大自己的信心和建立認同**。

如果青少年理性上那麼好「勸」，我們自然也不用那麼擔心他們太早接觸超齡的事物。但因為上述提到的種種特性，使得超齡的事物經驗一旦在他們心中落下了根，要他們把心思放回原本的學校，就非常考驗父母、師長的智慧。

有幾種青少年特別容易發生這種狀況：

1家人給予超齡的物質享受

有的家庭出於愛，或是想培養孩子品味，就會想給孩子最好的東西。但品味與擁有，其實是兩回事。可以學習欣賞，不代表就一定要擁有。

2交友複雜

校外的「學長姊」，或是網路認識的乾哥乾姊、社會人士，相約出來玩，或帶去「見見世面」。

交友廣闊不是主要問題，問題是在於大人沒有篩選、規範他們一同去哪裡、花多久時間、去做哪些事，以至於讓那些超齡經驗，改變了青少年的認知和價值觀。

3孩子缺乏自信和生活重心

青少年最重要的發展任務是自我認同。他們需要有出口、有目標去發揮他們的精力。

有些孩子在學科、技藝、社團、人際、體育、親情都得不到認同，既然同年齡層找不到存在感，不如轉往成人的世界，更顯自己比較「成熟」和優越。

當青少年說：「不是那些東西我得不到，而是那些東西很爛，我不需要，我有更好的。」他們的目光就會比同儕更容易停留在那些對大人世界的美好想像裡，並且把重心轉移到能帶給他們這些經驗的人身上。

而這些青少年一旦「滄海難為水」，就會存在幾種隱憂：

1有中輟風險

每天上學都變得越來越痛苦，青少年的心裡也想著：「放學後的生活，才是我要的。為什麼我每天都要花大量的時間跟這群沒意思的人混在一起，學這些沒屁用的學科呢？」

2與班上同學格格不入，成為孤立的存在

這還可能衍生出一種尷尬：如果後來在校外的「成熟圈」混得不好，長久以來，他瞧不起的班上同學卻已經跟他疏遠了。他，就成了班上同學、老師眼中的一個特例存在。

就像故事中的蘭倩，那種孤單、寂寞，又放不下「身段」的為難，心事無人知。

3 物質需求大，價值混亂

例如國三的少年可以拿到幾萬元的鞋子、包包，他的物質胃口當然會被養大，認為自己的消費水平就該如此，但哪裡有那麼多的錢可以支應這種開銷呢？這也讓他對合法、正常的職涯提不起興趣。因為認真念書或是學習技藝，一個月領三萬塊，是能買什麼對他來說「像樣的東西」？除了向父母拗，當然就是找快速賺錢的非法工作了。

4 易被騙

渴望金錢、渴望成熟的愛情，或渴望外貌受到大量關注，這樣的需求被養大了，一旦現實環境無法滿足，他就會焦慮。人一焦慮，就無法理性，就容易被騙。

有時，明知有異狀，卻還是選擇性忽視，找理由合理化這一切很正常。

接下來，就一步步陷進去。被騙簽不合理的合約、被騙拍裸照、被騙失身、被勒索，時有所聞。

5 觸法風險高

因為要賺快錢，而以青少年的視野，快錢的機會幾乎都在非法的事情上。

尤其看到幫派大哥們出手闊綽，請你上酒店，菸酒、檳榔、消夜，他請客，出入都有跑車，能不羨慕嗎？所以被大哥「照顧」過的青少年，自然容易被幫派吸收了。

我們不是要把孩子限縮在溫室裡，不讓他們接觸更多真實世界，而是金錢、愛情、對容貌的掌聲，容易讓人迷失。這些在成人社會裡，亦是最容易充滿陷阱。

而**青少年最無力獨自承擔的，就是過高的風險把他們帶離成長的常軌、掉入社會的深淵。**

我常認為，現代社會其實存在一條隱形的軌道，如果成長過程做的選擇偏離軌道太遠，會有很高的機率掉到社會的邊緣。

例如輟學沒能力找工作、欠債無力償還、青春期懷孕，或是家裡蹲、生活圈封閉，甚至引發身心疾病。

一旦變成如此，看著同學都畢業，自己的年紀也比別人大，想再重返校園，心裡的那道檻會更過不去。

其實，現在的孩子更有創意，能透過網路獲取無遠弗屆的知識。孩子接觸的人事物，大人如果能了解，並助其認識現實運作，而不只是停留在想像與嚮往，我認為反而是好事。

以下是避免青少年落入「滄海難為水」的幾項建議：

一、了解孩子的生活會接觸哪些人、事、物

家長最好能了解青少年的交友範圍，尤其是校外的部分。

因為校內還有老師幫你一同觀察，但校外或網路的朋友會做哪些事，你就很難得

知全貌。

這不是說要完全禁止青少年結交校外的朋友，而是家長最好能陪同、認識這些朋友，了解他們和孩子會一起從事哪些休閒、嗜好。

並請孩子介紹他們感興趣的嗜好、活動。**多讓青少年自己說，而不是大人自己瞎猜**，因為這也會讓孩子覺得大人很瞎，懶得再理我們。

大人也不要出於自己的價值觀，就立刻否定他們。這樣不僅孩子不會再跟你分享這些事物真正的全貌，他也不會因為你的禁止而馬上收手，反而轉為偷偷摸摸進行。

二、了解青少年是否知道其中的風險、對自己的行為有規範

我們會定義「超齡」，就是該人事物，青少年目前是缺乏足夠的經驗和知識去判斷和行動的。

大人可以先核對他目前對此的認識有多少、是否了解其潛藏的風險，例如去見網友，應該約在什麼公開場所？去KTV，遇到別的客人騷擾，該怎麼辦？若他都答得出來，對於各種突發情境知道怎麼應變和求救，我們就可以放心一些。

此外，**任何的興趣、嗜好或出外遊玩，都需有一定的規範底線。**任由他隨便玩、隨便買，日後可能造成失控。

詢問他會怎麼規範自己，預設多少時間、多少錢、頻率多高？如何避免超出時間、超出預算？如果超出了，後續有什麼應變計畫？

大人可以從這些面向，了解孩子是否有成熟的心態去面對這些超齡的人事物。如果他的思考和心態成熟度夠，他就不會輕易迷失在超齡世界裡回不來。

三、避免給予超齡的物質享受

什麼樣價位的物質給予是適當的？有兩個簡單的參考。

1 價格不要超出同儕太多

因為超出太多，同學一定會投以不一樣的眼光。

孩子滿足了一時的虛榮，卻少了適應群體的機會。孩子會漸漸把自信都建立在突出的物質上，而不是更用心地去經營自己的人際、培養自己的能力。

因為**物質最快吸引與眾不同的目光，它最不需要個人努力，也最不會有挫折**（在課業、體育方面努力，還可能會失敗）。因為不會有挫折，所以也不用調整自己，孩子就容易在人際上出現狀況。

由於人際能力是得透過在意他人、在意團體，不斷做出觀察與調整，在他人與自我之間取得平衡，才能越磨越好的。

長期沒有花心思去關照別人的感受和需求，習慣我行我素，沉浸在自己的優越感當中，一旦被冷落、排擠了，腦袋想得出來的推論，就只有「同學只是在羨慕、嫉妒我而已」。

但情況絕不是那麼簡單，只是他看不到。他被自己手上的物質所蒙蔽了，而無法往外看見人際互動的本質。

2 價格不要超出他這個年齡所能賺到的金額太多

如果給青少年的物質，超過他這個年齡所能賺到的金額太多，這樣他會以為錢很好賺，但事實並非如此。等到日後他的胃口被養大了，開始跟你要這個、要那個，費用越開越高，你想收緊就難了。

你開始想透過零用錢讓他學習控制預算，但他的消費觀已經偏差，想買的東西永遠超出零用錢太多，他就會不開心，把氣出在你身上，或把腦筋動到犯法的快錢上，例如偷竊、做車手、加入黑道、做援交等。

四、足夠的情感連結與生活重心

青少年如果能與周遭的同儕、家人建立**穩定的情感連結**，如果他的日常生活能找到投入的重心，大人的世界對他就不會產生龐大的誘惑力，而這，**才是一切穩定的根本**。

大人如果花心思留意青少年這兩個面向，孩子大多能夠健康安全地成長。

總歸來說，讓孩子接觸的人事物，最好能站在他們的年齡層，為他們先想過，從這點出發就不會偏差太多。

青少年對大人的想像，代表他們理想自我的模樣。倘若現在他們就能肯定自己，不論蒼海，還是小河，眼前都可以是迷人的風景。

輯三

與青少年建立關係的盲區

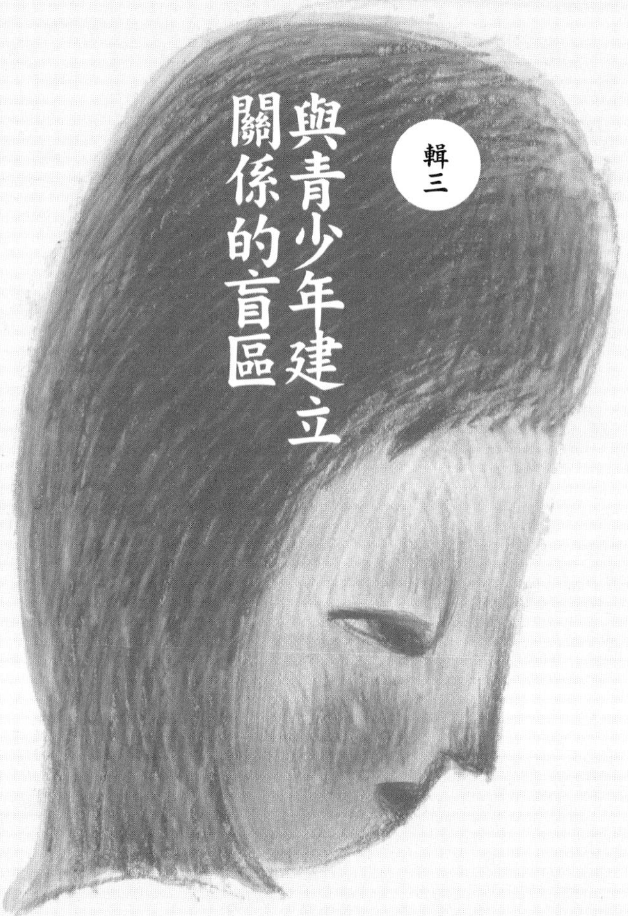

青少年心情不好，就得立刻跟他談嗎？如何避免輔導時間變成「逃課」？

——從「怎麼做，對這個學生是最有幫助」的角度切入，輔以4個大原則

陳老師是一名學校輔導老師，她今天看到小芬在門口晃來晃去。但跟往常不同，小芬沒有跟在他座位前聊韓星和YouTuber，也沒有嚷嚷肚子餓，要老師給她糖果、零食。

由於還要準備下一節晤談，難得有機會可以回顧個案紀錄，不被打擾，陳老師就繼續埋首準備。

一直到快打鐘前，陳老師才剛起身，小芬卻突然從門口朝他走來。陳老師這才發現，

今天的小芬一臉哭喪，眼眶還泛著幾滴淚。

「心情很難過，下一節課沒辦法上。老師，我可以現在跟你談嗎？」小芬囁嚅地說。

陳老師雖然很想立刻說一點同理的話，但馬上就看到下節課預定要談的王同學，也同樣站在門口等候了。

「她現在很難過，要逼她去上課，是不是太殘忍了？」陳老師的內心開始天人交戰。「我想她是很信任我、很信任輔導室，才鼓起勇氣前來的吧。我現在拒絕她，她以後會不會就不再求助了？」

最後，陳老師只好先請王同學回教室。

「如果我談到下一堂課，拜託，拜託，可以幫我先代下一節課嗎？」

陳老師的同事李老師雖然感到無奈，卻也只能答應，因為下一次也許就換她遇到這種突發狀況了。

這是許多輔導老師心中共同的掙扎。

面對突然來晤談的學生，出於關愛，撥冗陪他談一節課，為此還幫他跟該節的任課老師請公假。

但卻發現幾個特定的學生越來越頻繁地對自己說：「心情不好，一定要馬上跟你聊聊。」

這不僅讓自己的計畫常常被打亂，無法休息，連其他的任課老師也在抱怨學生是不是趁機逃課。

「可是，他看起來心情真的很不好，我該怎麼辦？」讓輔導老師在學生和同事之間左右為難。

因應類似的難題，其實我們在心裡最要把握的原則是：「怎麼做，對這個學生是最有幫助的？」

換言之，某些情況立即跟學生晤談，短時間看似有益，但實則反而有害。

以下，我想分享幾個訂定輔導時間的大原則：

一、若學生是頭一次主動求助，那麼至少跟他談十分鐘

這十分鐘是用來短暫接住他的情緒，讓他能感覺到自己的情緒或困擾，是有人重視的。

對某一些青少年來說，鼓起勇氣向師長求助，的確是很不容易的事情，尤其是一些難以啟齒的議題，例如被性侵、家暴。

如果師長在忙，請他下一節課再來，或許他就不再求助了，且他可能會告訴自己：「我的困難沒人會在乎。」

所以面對主動求助的生面孔，我們都會提高敏感度。

即使短暫的十分鐘，學生可能還不會揭露他真正想談的議題（**他可能會先丟一些小問題來測試老師是否可以信任**），但我們留給他「關心學生」的印象，他就有更多再次求助的勇氣，我們也減少很多漏接的可能。

如果你判斷學生的議題有危急性，特別是兒少保護通報事件，那麼，就排開下一節課，跟學生直接晤談。

如果非危急，在這十分鐘裡，我們不多問問題，因為問越多，情緒會走越深，平

復情緒的時間會花更長。

僅做情緒同理，簡單了解他要談的是哪方面的議題，並表達：「我想跟你約一個可以好好晤談的時間，能不被其他外務打擾、專門屬於你的時間。**我想跟你一起面對你的難題。**」而直接約好往後可以每週固定晤談的時間。

接下來，再用幾分鐘的時間，靜靜陪他平復情緒，再送他回課堂上課。（有些高中或大專院校，會先進行初次晤談Intake，在此不贅述。）

二、第二次晤談就要開始固定時間

這個原則不只對輔導老師有用，對導師或其他想幫助學生的教職員一樣有用。為了學生好，也為了自己不會耗竭，以固定時間作為界線，對彼此都是重要的。

如果老師常不固定時間跟學生談話，學生也會在心裡反過來要求老師：「在我想談的時候就立刻談，在不想談的時候，我就不來。」如此，學生當然會挑他不想上的課才來。而且抱著這樣的心態談話，投入程度也差，甚至演變成想休息、想下課就擅自結束晤談。想繼續聊，就不肯回去上下一節課。

因此，每週固定約哪一節課來談，有明確的鐘聲做起迄，就能明確讓晤談變成規律，大幅減少踩線的空間。**學生在其中也能學習尊重約定、承諾，學習遵守時間和人際界線**，老師也才有辦法計畫自己的時間，安排適當的間隔休息，避免耗竭。

三、學生若不肯去上課，要按照學校規定處理

這種情況，就如同學生在操場遊蕩不進教室般處置。

如果學生不聽老師勸告，就只能請學務處協助。當我們明白告知學生上課鐘響，五分鐘內就要趕快回教室，學生不從，我們可以這樣對學生說：「因為這節課不是你的晤談時間，依照課表，你得回教室上課，不然我們就會違反學校的規定。即使我是老師，我也不可以違反規定。規定是由學務處處理不進教室的學生。我希望你明白我很想跟你談，但得要在約定的課堂才能請公假。」

不用擔心學生會恨我們。如果他真的把輔導時間當成逃避課堂，由於學務處的介入，會讓他有一段時間不想再踏進輔導室。

但這未必是壞事，**只要我們在平時仍主動保持對他的關心**，當他準備好接受固定時間的規定時，他就會再次走進輔導室。

倘若他是因為一些問題而被其他的老師要求來輔導，那也由不得他說不。到了約定的時間，他若堅持不來談，那麼就請學務處協助帶他來。（因為晤談，在課表上也算是一堂「課」，雖然輔導上會盡量少給規定，多給彈性，但不代表他可以「逃課」。）

如此被帶來的學生，勢必會臭臉相向，但只要我們標準一致，且是真心關心他，時間一久，他就能越來越配合約定的時間。

四、什麼樣的情形可以破例，讓他不上課？

1 情緒崩潰

學生偶一為之的大哭，可以讓他待在輔導室平復，但若頻率太高，就要去判斷學生是否有情緒疾患的問題，又或是學生是否身處在太高張力的環境，例如校園霸凌、家暴，這些都得根本的從生理醫療、環境改善去積極處理。

長期性的憂鬱，除非有自殺風險，不然還是讓學生回教室，但可以協助與任課老師溝通，給予學生彈性。例如給學生時間，讓他在自己的位子上平復情緒，而不用馬上跟著班上做課堂學習。

但**如果有很高的自殺風險**，**該考慮**的就已經不是待在輔導室，而是**住院治療**。因為待在輔導室也無法全天候有老師盯著，即使輔導室都有老師坐鎮，也難保高風險學生一個箭步就去做危險的事情。在這種極端的情形下，透過住院，才能有周全的安全。

2 情緒暴走

這一類的學生此刻需要的也不是晤談，而是讓他冷靜，不過，冷靜空間也不宜設在輔導室裡（請見〈青少年在課堂上暴走？〉一文，九十七頁）。

最好選擇在無人、無雜物的空教室，讓他冷靜（但要有人陪同）。空教室裡沒有東西讓他破壞、給予他刺激，他只能學習跟他的負面情緒共處。

另外，這個空間最好也不要太舒適，否則他會很想常常來此「冷靜」。

當學生頻繁不照約定，就想用正課來晤談，還是**要從其根本的行為模式去改善。**

建議可以從觀察裡思考：

- 他為什麼不想上課？
- 他有沒有逃避責任的慣性？
- 他是否想吸引我的注意？
- 如果造成老師之間的矛盾，他是否能從中得利？

例如被某個老師一罵，他就心情不好，「不能」上課，這是否能給別人「該老師太嚴格」的印象？

如果他能藉此待在輔導室，是否會讓別的老師對輔導室有怨懟？最終導致被禁止來輔導，就可以顯得他很可憐、在學校得不到善待？

以上的狀況，雖能從固定時間來減少學生可以操作的空間，但倘若在晤談中，能直接處理他這種想被關注的需求，並在學校系統中，讓多數老師更了解他這種行為模式（透過個案研討之類的會議），就能從根本減少「把學生從輔導室趕回教室」的衝突場面，最終也就能將晤談時間回歸到輔導本質上。

畢竟，學生真能從輔導時間裡獲益，才是我們最想用心的初衷。

青少年一下說：「我只喜歡跟你談……」，一下又說不想再跟你談

——青少年忽冷忽熱的5個原因，以及3項逆轉關係的關鍵

佩嘉認為班上的同學都排擠自己，因此她覺得上學很有壓力，抗拒上學。不過，在輔導老師的鼓勵下，佩嘉變成能在晤談當天到校。雖然那一天也只是在輔導室待著。

因為佩嘉的家庭背景較為特殊，所以除了輔導老師之外，幫忙佩嘉的還有幾位社工。一開始的兩、三個月，輔導老師自認為和佩嘉建立起不錯的關係，佩嘉也會對她提

及自己對家人、對同學的一些煩惱。

但最近這幾個星期，佩嘉已經連續幾次都因為有狀況而無法來晤談，而且幾乎都是已經到了約定的時間，輔導老師等不到佩嘉，主動打電話給她，才知道今天佩嘉又碰上了什麼麻煩而無法前來。

某一天，輔導老師接到其中一位協助佩嘉的社工來電。他轉告輔導老師，佩嘉不想再來輔導室晤談，這讓輔導老師感到很詫異。

「佩嘉說她覺得跟您談話有壓力，我就問她為什麼，但她也不講。」社工說。

「……」輔導老師在腦海中不斷回顧過往與佩嘉相處的片段，但仍找不出來哪裡有異狀。

「我就問她『有誰是你可以放心講話的對象？』她說是我。

「我繼續問『我有做什麼特別的嗎？』她就說跟我講話沒壓力，不用自己想話題，而且跟我可以用 LINE 聊。她比較習慣用 LINE。」

輔導老師想起佩嘉曾拗她在晚上用 LINE 聊天，但被她婉拒。

「因為她現在只想跟我談，那麼就先由我這邊做輔導。我會勸她繼續跟你談。如果她改變想法，我會再通知你。」

電話掛斷後，輔導老師的心裡感到陣陣的不舒服。當初她就是怕給佩嘉壓力，所以不預設話題，尊重佩嘉每次想談什麼就談什麼。佩嘉也曾在晤談中分享覺得與輔導老師談話很安心，因為感到被尊重和被關心。所以，輔導老師一直以來都是用這樣的方式與佩嘉互動，但怎麼才沒幾個月，佩嘉的感受說變就變？

青少年對大人的心理擺盪，很正常

「我不想跟其他人談，我只喜歡跟你談。」聽到青少年這樣跟你說，你可以高興一下，但不要把這句話看得太重。因為這句話代表的不全是好事。

相對地，原本跟青少年關係不算差，即使某一天他卻忽然向其他大人表示，他不想再跟你談了，你也不用太難過，或直覺認為自己犯了什麼大錯。因為這不代表未來你跟他沒有任何機會恢復關係。

青少年在同一位大人身上有這種心理距離上的擺盪，**有時親近，有時排斥**，這並不算是罕見的事情。

為什麼身為大人的你自認為對他始終如一，但青少年對你的好感度卻會有這麼大的變化？

原因可能有幾個：

1 對一個人的感覺本來就是多樣的，只是青少年傾向把當下的感覺放大

有些青少年是「很看當下感覺的」，他昨天睡不好，今天可能看到誰都不順眼。又或者，某一段時期他過得不順，那些對你過往可以接受的部分，現在就變得不能接受了（但不代表未來他會持續不能接受）。

例如過往被問到過得好不好，他覺得是被關心。今天就覺得你超煩；過往你不預設談話主題，他覺得你很開放、不說教很好。今天可能就覺得尷尬，要自己找話聊，很累。

成人可能也有類似這樣的時候，但不會那麼強烈。成人即使心裡有不悅，也可能透過婉轉的方式希望你調整，例如對你說：「我今天不太舒服，希望你讓我靜一靜。」但青少年可能就直接擺臭臉抗拒來談。

這就要了解到成人諮商與青少年輔導，需要敏感的點不同。**與青少年互動，就是要能很快地接到他不悅的訊息**；而與成人互動，反而是要敏感於他在禮貌底下潛藏的心思和需求。

2 潛意識想藉著操弄，獲得一些好處

某一些青少年，當他覺得你好像沒有都順著他的需求，或是懷疑自己在你心中的分量不夠重，他就會突然表現出抗拒你的態度（請參考〈明明很關心青少年，青少年卻說大人不懂他、不愛他？〉一文，八十八頁）。

當然，他心中可能並不知道自己在想什麼、為什麼直覺就認為你對他不好（事實

上，今天之前你可能一直對他很好）。但這會讓你產生困惑，甚至沒來由的愧疚感，讓你想反省自己是不是哪裡做不好。

於是，你會花更多的時間和心力去關心他，想要弄清楚他為什麼不爽，並更努力地去滿足他的期待。

走完這樣的過程，他多半就能從你身上獲得他想要的，例如不想上課，就來輔導室找你。

3 關係測試，你到底能接受他多少？

原理跟前一點有點像。

前面他還在觀察你，所以保持一點溫良恭儉讓，等到更信任你一點後，就試著把自己機車的一面表現出來，看你是不是能如同之前那般接納他、對他好。

當然，在意識上，他可能只是覺得對別人不可以恣意生氣，但對於你，預期你可以包容他的情緒。所以在你面前，他可以「不用忍」。他想在你面前把所有的不愉快通通倒出來。

青少年心裡想：「難道你想要像別人一樣『限制我』嗎？」

我之所以用引號標註「不用忍」、「限制我」這些詞，是想突顯這並不是「忍」與「限制」與否的問題，雖然他們嘴巴上這麼說。

相反地，**如果我們界線明確，他反而不會對我們「越來越壞」**（做法下文會詳述）。

4「我只喜歡跟你談」代表他有溝通問題的隱憂

可能他只接受某一種溝通的環境，例如網路交談；或是非得要對方隨時隨地回應自己，像是跟你要LINE。但「你敢已讀不回，你就不要再跟我講話了」。可以想見，這樣的模式放在日常溝通情境一定會出問題，人際關係也不會好到哪裡去。

所以要檢視，當他說「只想跟你談」，主因會不會是只有你肯這樣配合他？而其他人沒有義務要這樣陪他玩。

因此，**我們的目標反而是希望他能跟更多不同的人聊天**（但不是做諮商），喜歡跟更多的人互動。這才意味著他有走出自我中心的人際模式，在人際互動上也顯得更有彈性。

5他經歷了某些事，突然覺得你無法幫他

實務上，我也曾經碰過某一些青少年，明明先前談得好好的，但忽然就不想再來談。直到透過他身旁的導師、家長，甚至同學，才得知他最近遭逢某些打擊。

青少年會想持續來談，除了被逼來之外，不外乎跟你關係不錯、你會關心他、在你這裡可以遊戲，獲得放鬆，或有人可以聊天、抒發。

不過，我認為**最重要的是：他覺得來你這邊談話，是有用的**。但這對青少年諮商來說，並不是容易達成的目標。

青少年缺乏明確想要改變自己的目標

因為青少年來輔導，有滿高的比例是非自願、被老師要求才來的。

即使是「自願」的，也有不少是抱持著「來輔導室可以吐苦水，還有桌遊可以玩，

不用上課」的心態而來。當然也有明確想讓自己更進步的人，但比例不高。

換言之，他們少了一個明確想要改變自己的目標。他們想著的是：同學、父母、老師、男女朋友要是能配合自己，那就什麼困擾也沒有了。而身為要輔導他們的大人，又**不能馬上戳他、直指原因，因為若真這樣做，你就會變成他口中「愛說教的討厭的大人」**。

那麼，什麼叫做「有用」？對青少年而言，就是日子能過得如意，心情能變得更好。所以當他遭逢不如意、打擊，心情跌落谷底時，那些來吐苦水、來玩的人，反而還會繼續來談；但對於困擾有更多改變期待的人，就容易懷疑一直來你這邊談，到底有什麼用。特別是那些對「輔導汙名化」敏感或是悲觀思考的青少年，將會更抗拒來談。

這就**考驗平時透過關係建立，我們對他能產生多少影響力**。

如果我們能早點讓他覺察到自己在困擾裡的角色和責任，目標就能更早被確立下來，也就能減少他在面臨挫折時，把這一切都歸咎於我們沒用；或是即使認為我們沒用，但因為他認可我們會關心他，會認真跟他一起面對問題，所以願意給我們時間再做嘗試。

當青少年關上溝通的大門

但平心而論，每一次我們不一定都能順利推敲出原因。

而青少年對我們的不爽，往往來得突然又莫名。

縱然我們表達難過、切心，表達自己很珍惜過去那一段相處愉快的日子，且真誠地告訴他，自己因為他現在的反應而受傷，期盼他能記起過去互動的美好，或者看在我們對他的重視而有所感動。

甚至，我們拿出了人與人交心的一切努力，希望他至少告訴我們發生了什麼事。他卻可能依舊冷冷地對我們說：「我就是討厭你」、「過去（我們美好）的事情，我不想再聽」、「你難過，干我什麼屁事」……

接著就把溝通的門甩上。

不少青少年有個特性，就是一旦他討厭一個人，他就會全盤討厭到底，很少全面去細想為什麼那麼討厭對方，那些討厭都是有理由的嗎？

過去那份厭惡、那份不講理，是發洩在其他對象，只是今天全都轉到自己身上。

這下，我們終於聽懂，當初那句「我只喜歡跟你談」背後代表的反面意義了。

雖然，此刻我們不幸地被他歸類為「討厭的大人」，但**只要我們一直保有持續跟他「接觸」的機會，關係就有逆轉的可能**。

做法建議如下：

一、真誠對青少年表達感覺，若行不通，就平靜面對他對待我們的一切

這不是要你忍受他的一切攻擊和誣陷。

我們只是要給自己一個提醒：「該說的、該解釋的，我都向他說了。他聽不進去，我們就不用再多說。我們只有平靜地等待。」

是的，在我們解釋之後，他可能還是偏執地誤會我們怎樣可惡，對我們還是冷漠不屑或憤怒挑釁。我們能做的，就是先在心裡理解此刻他的攻擊是一種心理投射（但不用跟他解釋，他現在聽不進去）。接下來就讓自己回到平靜，盡可能平靜地去面對他將要對我們做的一切舉動。

不再多做口語回應。

底線是：再討厭彼此，都不能動手

雖然如此，我們不能接受他開始動手動腳，或拿東西砸我們。

底線就是：他可以怎麼討厭我們，都沒關係，但彼此就是不能動手。**大人如果讓孩子亂打，將再也得不到孩子的尊重。**

青少年若動手，就要依校規（請學務處介入）處理；如果發生在家裡，就要依家規處置。

若青少年對家規沒有共識，或青少年已經失控到無法透過家規壓制，只要有傷害危險之虞，就要尋求報警。

過程就是冷靜地依照規定處理，不再多做言語相激，或是擺出威脅姿態。

我們在示範的，不是我們跟著討厭他，單純只是他違反了規定。

對待青少年，是平靜，而非冷漠

在這裡要特別說明，**「冷漠」和「平靜」是完全不一樣的。**

有些時候，我們以為要讓自己快速平靜下來，但採取的卻是「冷眼看待一切事情」

的方式。而當青少年看到你冷漠的眼神、聽到你冷漠的語調，他們的心情反而會更加不爽，覺得自己被你藐視。

我們保持平靜，目的是為了讓青少年平靜下來，使彼此的注意力都能釋放開來。不聚焦在敵意，轉而更理性、一般地面對眼前。

要做到平靜，就是當下腦海內不要跑出過往的恩怨情仇，並且多留意自己的身體感覺，而不只是留意自己的情緒。例如當青少年出言不遜，我當下確實有聽到那些字眼，但我不去想他過去有多好，或過去有多可惡。

縱然覺得自己那一刻是焦慮的或生氣的，也不要再多想「自己有多焦慮」或「為什麼我那麼生氣」，那樣會讓自己的情緒一路延續下去。

取而代之的，是留意自己的胸口、喉部、胃部或其他的部位是否緊繃，接著把注意力盡可能地平均分散在全身，持續「腦袋放空，把注意力交給全身」。等待一段時間之後，就能達到真正的平靜。如果平時有練習，平靜的速度就會愈快。

保持平靜是為了不跟著青少年的刺激起舞。唯有這樣，青少年才會跟著平靜下來，去審視目前彼此的狀況。

二、界線仍要保持

如果你因為青少年的態度冷漠、拒絕再來談，而改變自己原先維持的架構（時間、地點、晤談室內的規則），只怕是一時的討好，卻換來自己一再退讓，最終還是落得被青少年摒棄的下場。

因為沒有原則的人，會得不到別人的尊重，在對方心中也無法留下分量。總有一天，你會無法接受他對你的所有要求，屆時他只會怪你，並轉而投向其他可以配合的人。

要贏得青少年的尊敬，得要讓他明白你的界線在哪裡。

在界線內，我們持續保持對他的關心、積極表達修復關係的意願。

雖然會有一段風暴的時間，可能數天到數週不等，但青少年會知道我們沒有放棄他，我們一直在等他。

他也會知道越線的要求雖然不被接受，但**他一直是被我們接納和在乎的**。

此外，在關係的黎明到來之前，我們可能要私下對系統環境裡的人，例如家長、其他老師解釋孩子目前的情況，減少孩子可能編造流言操弄的機會。

因為此舉會讓系統裡的某些大人，誤以為是我們做不好、對他很差，讓他可以藉由那些人來給我們「教訓」，企圖讓我們畫好的界線失守。

三、不放棄

不要太快否定自己先前的努力。

如果我們還想輔導這位青少年，我們就不要輕言自己失敗，就此打退堂鼓，或趕快轉介給別人。這**是在青少年輔導工作上，很重要的心理建設。**

不諱言，青少年輔導，是一個失敗率很高的工作。

很多時候，不是我們的處遇做不好，而是改變也需要天時、地利、人和，尤其是面對非自願來晤談的青少年。

相同的處遇，或許在某個時間點，一切卻能水到渠成。但在時機未到之前，我們能做的，就是保持跟他的關係連結。

綜上所述，大人在了解青少年這種心理距離的擺盪現象後，請時時給自己打氣和肯定。

只有保持信心去面對青少年的忽冷忽熱，才會知道怎麼在界線維持中堅持下來。

保有接觸，不放棄，

關係就有進展的可能。

為什麼青少年特別喜歡盧你？他的不安懂得抓住你的不安

——青少年特別喜歡盧「狀態不穩定的大人」，大人可以從5個方向努力

曉華沉迷手遊，因此他每天上學都遲到，通常他都拖到第一節上課後才進學校，最誇張的時候，甚至中午才來。

第一次晤談，曉華就想跟輔導老師借手機玩。

「但是學校在上課期間是禁止用手機的。」輔導老師想拒絕。

「你不說，就不會有人知道啦。」曉華不放棄地說服輔導老師。

「可是……」

「你可以跟我一起玩啊。這樣，你就不是借給我，而且你有在輔導我啊。」

然而，輔導老師提議的App，兩人一起玩沒幾下，曉華就嫌無聊。

曉華提議要展現他拿手的遊戲給輔導老師看，然後一人輪流一局，但實情卻是曉華一個人玩到下課。

第二次晤談，輔導老師打算不再出借手機，沒想到曉華自己從口袋裡拿出一支手機。

「上課不能用手機……」

曉華沒理會指示，逕自玩起來，並且一邊咕噥：「我可以一邊用手機，一邊跟你聊，沒影響啦。

「你可以問我問題啊，我會回答你。」

為了避免破壞關係，輔導老師勉強接受曉華的提議，也開始從曉華的作息、跟同學相處的情況關心起。

一開始，曉華還會一邊玩，一邊回答，但玩到後來，遊戲戰況激烈，他就完全沉浸在手遊的世界，沒再理會談話了。

第三次晤談，輔導老師一開頭就表示，今天不准玩手機。

「為什麼？我會一邊聽你講啊。」

輔導老師表示上次自己被晾在一旁，很心寒。

曉華開始使出拗人攻勢：「我有在聽啊，拜託啦……不然玩二十分鐘？十五分鐘？你讓我玩十五分鐘，我保證後面都聽你講。」

「如果不想要只是談話，你可以和我一起玩這個。」輔導老師拿出預先準備的桌遊。

「齁，我不想玩這個。這很幼稚！」

眼見曉華沒有想配合，輔導老師只好答應他，先玩十五分鐘。

十五分鐘過去，輔導老師提醒曉華收手機。

「好啦！等一下！」

催了幾次，曉華卻一直說「等一下」，輔導老師終於惱火了：「你答應過我的，現在馬上收起來！」並作勢要拿走曉華的手機。

沒想到曉華直接把他的手拍開，還站起來對輔導老師譙了句髒話，就大力甩門，離開晤談室，留下滿臉錯愕的輔導老師。

青少年很盧，是反映他的不安全感

跟其他大人比起來，青少年特別喜歡盧你嗎？

當青少年使出渾身解數，軟的求情、硬的威脅，或狀似理性跟你談條件，或抓你語病，跟你比誰邏輯有漏洞。這些都行不通時，他還可以使出大絕招，對你又鬧又咆哮。

這時候，你可能會開始懷疑人生：他為什麼不去找其他大人鬧，偏偏是自己要受這種苦？

要解答這一個問題，分為兩個部分：

- 為什麼他很多事情都要用盧的？
- 為什麼他總找上你？

盧人、拗人這種行為，是在反映青少年的不安全感。

這其實是青少年在對自己同時傳達雙重的訊息：「我一定要得到」以及「我得不到」。

如果青少年要的東西，他不怕拿不到，他就不需要讓恐懼與慣性支配他的行為。好比路邊有家每天都會開的小吃，你不怕吃不到，你就不會急於非要馬上買下它不可，也不會買不到就抓狂焦慮，做不了任何事情……

不過，此時，你可能有兩個疑問：

「他跟我盧的東西又不是多寶貝，我也常給他啊。」

「他就是確定盧我，他一定拿得到東西，為什麼說他是怕拿不到呢？」

因為這種「怕拿不到」的心態，不是客觀的價值認定（如同坊間的飢餓行銷也不一定是真有那個價值），而是：

- 因為這已經成為他的習慣，他不相信（或不知道）透過別的方法可以要得到。
- 過往我們設下的規則或要求，有時通融，有時又不給過，他無法預測這次的賭注是他贏，還是你贏，所以每次他都很不安。

「我一定要得到」與「我可以得到」，是很截然不同的心理狀態。

上述路邊小吃的例子，就是「我可以得到」的心態，對於滿足那個需求是有安全感的、有信心的，就算今天小吃攤沒開，我也不擔心，因為我知道我還有很多機會可以買到，而且我有能力買到。

青少年對於被拒絕，如果是這樣的心態，他就不會盧人、拗人、耍賴。但正因為**他還沒有學習到穩定地面對拒絕、挫敗**，所以他一定非要得到不可，才能解除自己的焦慮。（「我一定要得到，否則我就輸了，我就等於被大人控制了。」）

這就是為什麼對於規則要保持一致，讓青少年知道只要超過界線，就是不可以。這種**穩定的拒絕才能讓青少年知道界線在哪裡**，才能讓他知道只要不超出界線，他就是有機會、有信心、有能力得到。

青少年喜歡盧「狀態不穩定的大人」

再來，我們談青少年特別喜歡盧哪種人。

答案是：狀態不穩定的人。

造成不穩定的狀況很多，可能是情緒起伏比較大、常常處於分身乏術、怕被對方踩線、容易懷疑自己、內在價值觀衝突……

1 情緒起伏大或分身乏術

情緒起伏大的人，比較容易被對方掌握。

因為青少年知道你心情好的時候，跟你要東西，特別容易成功；知道你焦躁的時候，一定不想被煩，而只要煩你，你就容易答應要求；知道你生氣的時候，如何讓你更火大（或是如何討你歡心），讓你喪失判斷力。

因為你的心情很好猜，青少年可以從中找到攻略你的不同方法。（不用懷疑，每個孩子都做得到，這跟能力無關，這是人性。）

2 怕被對方踩線

你越怕對方踩你的線，對方越是想踩你的線。這很弔詭，但人際氛圍，就是能讓對方察覺到你的「怕」，即使你沒有表現出來。

你如果穩定，他「行動」前還會有所忌憚；但如果你會怕，他不去踩踩看，豈不是對不起自己?!

至於為什麼會怕？可能是你不忍心、你不太會拒絕別人、你沒有經驗告訴自己可以怎麼做、你怕會破壞關係……

原因很多，除了經驗可以學之外，其他要回歸到大人如何看待自己的個性，是否要多探索自我？從中摸索如何做一些調整，**替自己找回更多信心。**

3 懷疑自己或內在價值觀衝突

青少年在盧的時候，常常會提出各種疑問，要你解釋，要你給答案。不論你怎麼回答，他都可以繼續追問下去。因為他此時根本不是要答案，答案是什麼一點都不重要，他只是要你退無可退。

大人解釋越多，反而有更多漏洞，讓青少年抓住。

這不是要大人搞獨裁，對青少年都不解釋，只要他閉嘴、聽話就好。而是當你真誠地解釋，他看起來還沒聽進去，就準備下一波發問的樣子，就要意識到「做解釋」到此為止就好。

在這種「一問一答」、「要求回應」的過程中，如果你容易自我懷疑，容易在這些事情上自我價值觀衝突，你的反應就會陷入不穩、動搖，一旦青少年察覺到，就更不會放棄、繼續盧你。

所謂的價值觀衝突，像是「我是不是限制了他的自由？我是不是剝奪了他的機會？我是不是不重視他的需求？我會不會傷害了他？我是不是不夠愛他？……」

在管教上，我們如果有很多自我懷疑，就難以貫徹我們當下做的管教行為，它會顯得沒有力道；相反地，如果我們的內在很篤定地支撐我們外在想做的管教行為，青少年能明白你是非常認真的，而且說到做到，你的言行就會被他認真看待。

擺脫被青少年盧的5個方法

綜合以上，要擺脫被青少年盧的大人，我們有幾個方向可以努力：

- 試著在青少年面前，情緒是穩定的、起伏小的。
- 與其想著青少年是否會踩線，不如**告訴自己「慢慢來，也不會怎麼樣」。找回自己的節奏，而不是跟隨青少年。**
- 想想自己過去任何「篤定」的經驗，時時重新感受那是什麼狀態，讓自己多去記得那樣的感受。
- 問問自己，期待什麼樣的結果是你最想要的，例如希望青少年是一個誠實的人。其他讓你猶豫的價值觀，可以放在它後面，慢慢來，然後就以這個結果當作內在目標來貫徹你的管教、做法。
- 解釋太多的時候，就先讓自己停下來，不說話，看著青少年。只要你的內心保持篤定，不說話，可能比說話還有力道。

其實，當大人也從「我一定要做到」變成「我可以做到」的那一刻，大人穩定了，孩子就能成長了。

看起來「沒問題」的青少年，卻在廁所割腕？

——大人從3個觀察面向，覺察青少年需要輔導，以及3項對大人的提醒

怡芒升上高一時，家住郊區的她，每天單趟都得花一個小時通勤，前往位在市中心的學校。

而導師對怡芒的印象，就是一個話不多，下課會待在自己位子上自習的學生。

雖然怡芒的成績在班上屬於後段，但平時倒也安分守己。

這一天，導師還在導師室批改作業時，一名學生卻慌張地闖進來。

「老師，怡芒在廁所裡割腕，血一直滴，該怎麼辦？」學生邊喘邊說。

導師一邊跟著快步趕到現場，一邊覺得不可置信。

「怡芢平時不是好好的嗎？怎麼會做這種事……」

導師送怡芢去保健室包紮後，打電話通知家長。這才了解，媽媽口中的怡芢，並不是導師原本想的那樣。

怡芢在國中時成績很好，她跟班上同學也相處得不錯，雖然稱不上活潑，但下課都會和同學聊天，假日也會相約去打球、逛街。

但怡芢的活力和笑容，似乎遺留在國中，沒跟著上來。

「她小六有段時間也會傷害自己，後來就沒再做，沒想到又……」怡芢媽媽感慨地說。

「現在想起來，她有說過功課跟不上同學，她的壓力有點大。我就鼓勵她：保持努力，一定可以適應的。但現在看來，她可能還是適應得很辛苦……」

為什麼大人察覺青少年有輔導上的需要是重要的？

因為**孩子自己未必知道他已經面臨需要向大人求助的地步，或是他其實想求助，但不知道可以向誰求助。**

有時，孩子想憑自身的能力因應，卻力有未逮；而同儕又未必可靠，某些時候甚至是有害，例如霸凌。此時，大人若有足夠的敏感度，能察覺青少年的異狀，即時伸出援手，孩子就不用孤單一人受苦，反而能從中成長茁壯。

所以，這一篇是寫給身旁有青少年的老師和家長，建議從本文分享的幾個角度去觀察——哪些孩子可能需要輔導資源協助，以及在轉介給輔導資源的過程中，需要注意什麼。

高中生容易被大人輕忽

尤其是高中生，不少大人也許認為「已經大了，該是給他們自由，讓他們自己為自己負責」。理念沒錯，但執行起來可不是「不用去了解他在幹麼，只要注意成績能不能上好大學」那樣就好。

因為，高中生也只比國中生大一到三歲，依然沒有什麼社會經驗，依然要每天跟相同的班上同儕相處，過上規律，也可以說是千遍一律的團體生活，再加上課業繁重度比國中要大得多。

如果他在學校過得很不開心，他很難憑著自身的心智，去化解這樣的痛苦。

簡言之，高中生應該享有更大的自由與彈性，給更多的空間，讓他去經營自己的生活與時間，但他並沒有成熟到「大人可以完全不在意」。

因為高中生，是容易被大人輕忽的一群，我想特別在本文之前提及。

以下，是我認為需要觀察的三個面向：

一、表現突然往下掉

人的日常表現會突然往下掉，代表他的身心出了狀況，已經無法負荷過往的強度。

因此，青少年的學業成績、競賽表現、體育術科突然往下掉，就需要特別注意。

不過本來成績很差的，就不適用這個觀察方式。

你可以觀察，他過去每天花一、兩個小時複習、練習，但現在是否連半小時都沒心力去做了？

若以為「尊重」孩子，就不再過問，只會讓未爆彈越來越大。

最常見的幾種隱情，可能是：

1 難度變高，越來越跟不上

他可能默默比過往花更多力氣去努力追上，但仍不見成效，因而感到非常挫敗，但**他又不想開口求助，因為覺得丟臉**，像在承認自己很弱，於是可能「說服」自己：努力沒有用，或自己真正的興趣不在於此。

2 人際、感情、家庭困擾

人際或戀愛出狀況，會帶給青少年相當大的衝擊與壓力，而家庭衝突更是會直接影響青少年的心思，這使得他難以有足夠的心力，去面對日常的學業或競賽。

大人不能輕忽，以為只是孩子間的打打鬧鬧、鬧彆扭或小情小愛，幾天之後他就會自己恢復。

雖然不用在一開始就問得太細、介入得太多，但讓青少年知道我們有留意到他的心情變化，**讓他知道痛苦無助時，我們一直都在**，就可以減少漏接求助訊號的機會。

3 沉迷於校外成人世界或網路世界

這與上述幾點是有關聯的。所謂的**網路成癮或中輟問題，都只是表象。真正的原因是青少年無法從校園、家庭中獲得足夠的自信與關注，他們就會嘗試從別的地方找「出口」**。

如果網路世界有人關注他，能獲得成就感，他就容易變得網路成癮。

如果交友圈越來越複雜，有人帶他去夜遊、KTV、喝酒、飆車、賭博，他從中感到歸屬感和新鮮感，就會把無趣、令他挫敗的學校丟下。

因此，即使在校表現低調，不與人衝突，一旦青少年真的把重心轉移到校外，還是能從學業或競賽表現看出變化。

4 精神疾病

當青少年處在憂鬱症、躁鬱症、思覺失調症的發病前驅時，其中一個明顯的變化就是認知功能下降。專注會變得困難，思考會變得混亂，如此就會直接反映在成績上。所以，當青少年的成績表現往下掉，也不是上述列出的原因時，最好趕緊帶他去看醫生。

早期發現，早期投藥治療，可以避免真正的大發作發生。因為一旦真的發作，尤其是思覺失調症，可能會造成不可逆的永久認知功能損傷。

5 轉換環境對青少年也是一種考驗

另外，要特別注意的是轉換環境，例如轉學、升上國中高中。或許他的能力沒有不同，但比較的基準不同，同儕都不一樣了。或是對新老師的教學方法、新教練的訓練方法尚未適應，成績呈現出來自然會跟過往有落差。

這是適應上的警訊，因為人會習慣用過去的成績做比較。自己從「很好」突然變得「很爛」，對自尊心和自我概念都是打擊，久了，會衍生出其他的心理和生活問題，所以大人對於新生、轉學生，需要有更高的敏感度。

二、人際觀察

我會觀察以下三點：

- 下課有沒有同學可以找？
- 課堂分組會不會落單？
- 會不會跟同學起衝突？

社交上不一定要廣結好友，但上述三點如果常發生，校園生活肯定不好過，人也會變得痛苦。

相對地，人只要有兩、三個好友，分組能有歸屬，下課不會孤單，縱然跟其他同學不熟、相敬如賓，日子還是能夠順順地過。

我認為，**擁有這樣基礎的社交非常重要，比學業還重要。**

如果本來就不是以學業見長的青少年，基礎的社交環境至少讓他有歸屬、安心的感覺；而某些學業成績優秀，卻相對孤單的青少年，反而像在走鋼索。他的自尊與安全感可能只建立在成績上。一旦成績有變化，他的壓力和不安將會席捲而來。

附帶一提，原本社交互動正常，卻突然在近期變得退縮、舉止怪異、交談有困難、情感表現不適當，有可能是思覺失調症的前驅症狀，需要特別就醫做檢查。

三、出席穩定度

有沒有常請假、常遲到、常翹課？

出席的穩定度，與人的內在心理穩定、環境穩定與否，非常相關。因為，心情一躁起來，就難有心力寫作業；情緒一崩潰或徹夜難眠，隔天就不想上學，只想躲起來，或想丟下一切逃走。

而環境變動也會影響身心穩定。課外時間若大量用在奔波、通勤、打工或協助家裡工作，休息就會不足，學習時間也被壓縮。

有的家庭發生變故，常常換住所，就得一再重新適應不同環境、看不同人的臉色；有的家庭爭執衝突不斷，能量就被高張力的情緒所耗竭。

種種原由，一旦造成青少年的情緒波動大，壓力緊繃，無法負荷日常例行事務，就會反映在出席率上。

所以，大人發現青少年的出席異常已經持續兩週，就算有照程序請假，仍建議要主動關心其近況。

最後，關於大人如何察覺青少年需要輔導，還有幾項需要注意的地方：

1「沒有問題」的孩子，大人容易疏忽

成績好的孩子，大人會關注；行為偏差的孩子，大人也會「關注」，但那些成績普通或欠佳、在校行為表現一般的學生，最難被大人注意到，但不代表他們一定沒有問題。

2 重心轉換背後的故事

雖然隨著年齡增長，孩子對於喜好、感興趣的事物會有所轉變，是很自然的事，但對於曾大量投注精力的人事物，突然說放棄就放棄，背後通常有故事。如果能知悉孩子在不同階段，也就是國小、國中、高中時，其生活重心有什麼變化，對於了解他整個人會很有幫助。

3 轉介輔導需求要做到保密

不論是老師，還是家長，在為青少年引入輔導資源的同時，要留意自己及輔導單位是否有做好保密。

畢竟**保密是建立信任的第一步**，沒有人喜歡自己的困擾還未解決，就先被很多人議論。

最好的一種做法是先跟青少年談過，彼此對於接受輔導有共識，再去尋求輔導資源。

但若是狀況嚴重的青少年，即使尚未取得共識，輔導資源仍然要想辦法先介入。

孩子的輔導需求，大人看懂了，
成長的路上就不必踽踽獨行，流血碰撞了。

為何猜中青少年的動機，青少年的行為卻仍然沒改善？

——比起猜中動機，「青少年的安全感」及「大人的安全感」更是教養裡的關鍵

在媽媽載宥青回家的路上，宥青臉臭、不發一語。一下車，宥青就直奔房間、鎖門。

宥青媽媽後來走到她房門前，喚她要幫忙看家。

「媽媽要回去顧店，記得幫忙看家喔。」

「好啦，你趕快過去。」門裡傳來不耐煩的聲音。

宥青的態度讓媽媽不太開心，覺得宥青一定在學校有發生事情。

「你是不是學校發生什麼事？」

「沒有！」

「沒有？你幹麼那種態度！」

「你很煩！」

「欸！你不要自己心情不好就遷怒我。是不是在學校做錯什麼，被處罰了？」

「沒有！」

「好，我看聯絡簿、看LINE群組，我就知道你今天發生什麼！」

「我沒有做錯，是老師很機車，針對我！」

「那就是有做錯事情啊，你剛剛還想隱瞞。」

「不干你的事啦！」

「什麼叫不干我的事？你這什麼態度！」

「煩死了！」房裡傳出摔東西的聲音。

「我警告你，你現在給我把門打開！你敢再摔東西，你試試看！」

宥青媽媽大致上沒有猜錯宥青的想法，但何以無益於問題解決，還平白讓衝突爆發？

我們常會以為，要先對青少年的行為動機做出正確判斷，才有辦法「對症下藥」。

事實上，縱然你自認早已掌握他行為背後的動機，但你做出的回應，青少年可能還是不埋單。

相反地，即使大人當下無法準確知曉他的行為代表什麼，還是有辦法可以做出不錯的處置。

為什麼會如此？我們從三個部分來討論：青少年的外在行為、青少年的內在動機、大人如何回應。

青少年甩門、回話大聲就是在「挑釁」嗎？

「**不合作、不遵守規則、對抗、挑釁……**」這些都是我們常用來描述青少年行為的用語。但仔細看，**這些詞已經帶有我們的價值判斷。**

如果我們認為青少年甩門、回話大聲就是在「挑釁」，大人火就上來一半了，剩下所想的往往是如何樹立權威和壓制他。

如果我們認為青少年上課發怪聲，只是在「尋求被人注意」，我們會想到要「刻意忽視他」。而當你假裝沒聽見他的聲音，他看到你沒看他，他的行為變得更加誇張，甚至敲起桌子。

這裡的重點不是要我們完全捨棄判斷，而是要留意：

- 我們的判斷帶給我們自己哪一些負面的情緒？
- 我們因著這些負面情緒，會如何影響我們做出回應？
- 我們的回應是否真能幫助我們達成教養目標？

如果我們除了「尋求注意」，還能看見青少年「渴望被人重視」的內心需求，我們的回應必定不是只有「刻意忽視」。因為你知道，你的忽視，無法幫助他緩解孤單、自卑的恐懼。

因此，同樣的行為，可以有不同的解讀，並產生不同的情緒。況且，我們對青少年的「了解」和「行為動機判斷」，可能不一定正確。

某些情況下，你甚至永遠無法確認哪一個才是「真的」、「正確的」。（如果你很執著在這點，又無法相信孩子或其他人跟你講的「證據」……）

例如你要求他回到家先把書包放好，他卻開始跟你鬧脾氣。原因可能有：挑戰規則、肚子餓不耐煩、迫不及待想去玩手機、先前跟你不愉快他在記仇、他放學前被老師罵等。

你直接問青少年原因，他跟你講其中一種，但並不代表其他原因就沒有影響他，只是他自己可能也沒有意識到。

大人如果太糾結原因，就很容易落入「青少年的話，到底能信幾分？」的掙扎中。

那麼，如何在不太確定青少年的行為背後動機下，做出有信心的行動回應？建議的做法如下：

一、運用「不帶價值判斷的行為描述」，讓自己的內在保持客觀、覺察

例如你可以對自己說：

「我看到（或聽到）青少年的一些行為和反應，我猜他是……我感覺到我自

己……」

那麼，上述提到的例子就會變成：「我看到書包沒有放在我提醒的位置上（「亂丟書包」已帶有價值判斷），我猜他是對這個規則不滿。我感覺到我有點生氣。」

而宥青的例子也會變成：「我看到她在車上一句話也沒說，臉色難看。下了車，直接回房把門鎖上。我猜她在學校有發生事情，只是她還沒有準備好要跟我說。我感覺到自己有點焦慮。」

中性行為描述，幫助大人穩定自己的情緒

這樣的中性行為描述，是在提醒我們：「我們的情緒反應，可能來自於我們的價值觀，以及我們對他的判斷。」而「猜」這個字，是讓我們意識到動機判斷都只是暫時的假設而已。

這就是為什麼做出回應前，不必非得要有個「正確」的動機判斷，因為動機假設在過程中會一直反覆修正。

當我們在以行動回應的同時，青少年接下來的反應就能讓我們獲得更多的訊息

（觀察就可以了，不一定要問），幫助我們更貼近他的內在。

簡言之，與其懊惱是否真的猜中動機，不如**保持穩定的心情持續跟他互動**，效果要來得更好。

中性行為描述能幫助我們穩定心情，可以更客觀地觀察到青少年面臨的各種情況。注意力就不會鎖死在我們自認為的青少年動機與他的種種不配合上，自然而然能做出較有效的處置和回應。

二、「看見」青少年行為隱含的「善意」

其次，青少年惡意以外的動機也應該被考量進來，尤其是行為隱含的善意。例如沒有放好書包，是因為迫不及待想去玩手機。玩手機本身是中性的，只是青少年沒有用對方法，沒先跟大人商量。發怪聲有可能是青少年感受到課堂太沉悶，想讓氣氛變得活潑，但不知道這麼做反而讓大家反感。

宥青的情況，可能是知道自己心情不好時口氣會很衝，所以在回房冷靜前，盡量減少與他人的互動。

當善意被大人看見，青少年會感受到大人是懂自己的、能看重自己的想法和需求，而不是一味地被要求、被評斷。**青少年會更願意與大人合作。**

大人要時時記得，最重要的目標應該是：改善青少年的不良行為，而非當柯南。

青少年的安全感，來自大人自身的安全感

比起猜中動機，「青少年的安全感」及「大人的安全感」才更是教養裡的關鍵。

因為青少年的安全感提升了，即使他還不知道自己行為的原因，他也會減少不良行為。

由於他感到安全，他不再焦慮、恐懼，也就不需要自動化連結負面情緒及相關不適切的行為，像是發飆、摔東西、盧，這些是他過去自動化的刺激反應連結。

而青少年安全感的來源又來自大人自身的安全感。

意即，**當我們能放下「你到底想怎樣」、「你為什麼就是這麼不聽話」的焦慮，青少年會感受到你的安定和信心。**此時，教養文章裡所示範的回應語句，青少年就會埋單。

安全感帶來平常心，
讓我們得以接住各種風暴與手足無措。
因為我們最想要的，一直是關心，而不是你對我的懷疑。

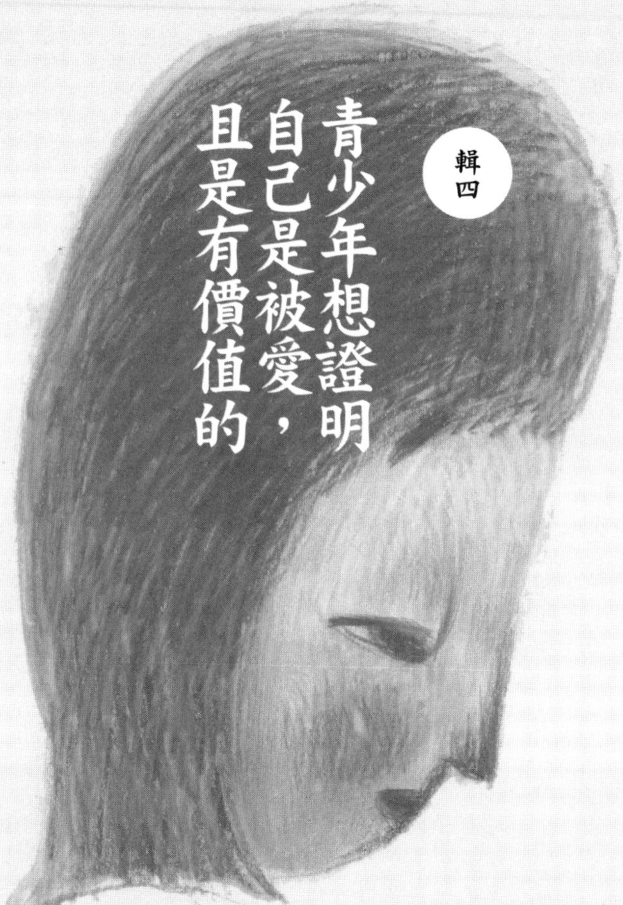

輯四

青少年想證明自己是被愛，且是有價值的

當青少年課業學習不佳，大人應該如何協助？

——與青少年達成學習共識，並花時間陪伴青少年尋找學習動機與建立學習習慣

阿元在國小時的成績中上，雖然不到頂尖，但父母對他的作業、考試一直都很放心。即使父母從來不過問，阿元也會在安親班完成作業，會在考前自動複習課業，不需要特別盯。

但是上了國中之後，阿元的數學和英文卻開始出現不及格。阿元的父母要阿元更加用功，問他需不需要補習、加強。阿元總說不用，他會自己搞定。

到了國二，阿元的聯絡簿有時會出現作業缺交的紅字。阿元跟父母說是學校的作業量變多，他會再補齊。

父母又問阿元，學習上有困難嗎？阿元說沒有。

基於從小對阿元的信任，阿元的父母也就沒有再多說什麼，因為聽起來阿元的作業，隔天還是能補交得出來。

有天晚上，媽媽經過阿元的房門前，聽到裡面傳來他與朋友連線對戰遊戲的聲音。但兩小時前，阿元才聲稱要考前複習，晚飯草草吃過就回房。媽媽終於忍不住，直接打開房門，想質問阿元，沒想到阿元卻先聲奪人。

阿元：「你幹什麼?!」

媽媽：「幹什麼？你不是說你在念書嗎？」

阿元：「我就中間休息一下而已啊！」

媽媽：「我早就想問了。你常常說要在房裡念書，怎麼成績卻越來越差？一開始是數學、英文偶爾不及格，後來連自然也常常不及格。現在我知道你都在騙我，都是在偷打電動吧？」

阿元：「我有交作業、有考試就好了啊！為了應付那些，你們一直減少我玩遊戲的時間，這樣我要怎麼保住排名？」

媽媽：「還在提遊戲排名，你學校排名一直往下掉欸！」

阿元：「成績、成績，成績有那麼重要嗎？考好成績還不是只能做無聊的工作，領那麼一點薪水，倒不如讓我去當電競選手。」

媽媽：「你少跟我扯那些歪理……」

這一晚，媽媽跟阿元大吵一架。接下來的一個月，阿元在家完全「惜字如金」。

後來，媽媽接到學校導師的電話，說阿元在校抄同學作業，被同學檢舉……

孩子的課業學習問題，要先分成兩種來看：

- 孩子的目標與大人一致。
- 孩子的目標與大人不一致。

有關課業學習，很多層面需要大人與孩子有共識，例如學習程度（難度）、學習進度、學習方法、對成績與名次的期待、未達成目標時的改進方法……

如果雙方都有共識（至少不是矛盾、衝突），剩下的就是當前狀況和期望之間的落差要如何達成。

若涉及的是學習方法、策略、計畫、資源，這就要透過更有經驗的人，例如老師、學習策略專家，或是有經驗的同學、學長姊，來做「學習診斷」或經驗分享，去了解在哪些環節上可以做到改善。

（學習診斷，雖然是學習策略專家的專業，但一般人憑自身經驗，也是能看出一些學習上的問題，提供一些更有效率的學習作為，這就不在本文要討論的範圍。）

一、大人要先問自己：孩子為什麼想要好成績？

最困擾大人的，通常是第二種問題：孩子的目標與大人不一致。

簡言之，大人希望孩子的成績更好，但孩子卻不太在乎的樣子，該怎麼辦？

這時候大人要反過來問自己：孩子為什麼想要好成績？

「做學生的本分就是要學習、爭取好成績啊，這是哪門子的問題？」

「我們當學生的時候，就是乖乖念書啊，哪會東想西想、不認分。」

你可能會抗議說道。

但早年那個環境，沒什麼娛樂，也沒有網路拓展見識的機會。如果不好好念書，家裡就不再提供金錢，可能要被趕出家門，提早工作貼補家用了；再者，不好好念書，就是一陣棍子伺候，看你是要在學校被打，還是回家再被補打一頓。

身處在那樣「求生存」的環境，你能不念書嗎？

說穿了，多數人讀書是不得已，沒幾個人在青少年階段會覺得讀書很有趣（如果你是這樣，那恭喜你）。而**多數認分的孩子，學習動機是為了在家求生存、在學校不被盯上，或是想獲得大人的喜歡和肯定。**

但現在環境不一樣了，孩子透過手機、網路，就能知道這世界還有很多樣貌。許多人在學成績不好，但在其他領域一樣能發光發熱；此外，教養觀念的進步，大眾也越來越認識到體罰帶來的負面影響；何況，孩子不好好念書，你捨得讓他國民教育畢業後就趕他出去工作，不給他生活費嗎？

所以，回不去了。每個大人都應該體認到，既然回不去過去那樣的時空環境，那就不能再理所當然地認為孩子會自動、乖乖、認分地好好念書。尤其當你沒有花時間好好陪他們念書，你就更不該以為孩子會自動養成讀書習慣。

（安親班不一定能幫你的孩子培養出好習慣。就算小時候看似會自動自發，也不代表長大能一路順利下去，原因文末會說明。）

二、每學期，大人需要主動了解孩子的學習目標

看到這裡，你應該明白，**孩子的學習動機、學習習慣，跟你過去有沒有花時間陪他們學習，是最直接相關的。**

尤其小學中、低年級，是培養學習習慣、為自己的學習負責的關鍵期。我建議直到孩子長大，至少每學期，大人可以稍微主動了解孩子對自己的學習目標為何。這個關心的舉動，可以間接提醒孩子定期去審視自己的學習。當孩子懂得為自己訂下學習目標，同時就是在練習負責與計畫了。

如果大人什麼都不做，孩子到了高年級，一旦有懶惰的習慣，就很難撼動了，而找理由、找藉口的防衛心態也成形了（相信很多父母對此很有感，可參考〈為什麼

對青少年說「你如果不努力，你會……」無效？〉一文，一一九頁）。

綜上所述，如果孩子過去沒有建立好讀書習慣，現在又學習動機低落，想要解決這個困境，大人首先要做的是「好好理解孩子現在過的生活和所處的環境，理解孩子現在重視什麼」。

想要孩子能主動理解大人的擔心、大人的想法，得要大人先理解孩子。**從雙方對彼此的理解中，共同去尋找對學習上的共識**。讓孩子還想為了獲得你的肯定，聽進一些你的建議和期待。

倘若沒有一定程度的學習共識，就直接從外在做強力約束（例如門禁、斷網、扣零用錢），恐怕演變成諜對諜的兩敗俱傷；相反地，有學習共識，再來做約束承諾（承諾會花多少時間學習、達到怎樣的成績，否則……），較能水到渠成。

三、想理解青少年，別說：「你為什麼考這麼差？」「你是不是沒在念書？」

以下這個過程會相當挑戰大人的價值觀。

想理解孩子的現狀，若直接拋出：「你為什麼考這麼差？」「你是不是沒在念書？」

孩子的心武裝起來，你也不會聽到他認真的回答。

不妨可以改成這樣起頭：

「考差可能有兩種情況。一種是你花了精力準備，卻不知道為什麼沒考好；另一種是，你有重要的理由，讓你需要把更多的精力放在讀書以外的地方上。**不管是哪一種，你的想法都很重要，我想了解。**」

當孩子真的開始說出他的想法時，不管他的理由跟你的價值觀有多碰撞，都要先忍住不批判。

如果開頭就忍不住，以後就算用同樣的句型，他也不想跟你講了。

四、別讓過程變成大人和青少年在爭辯

此外，我們還要小心不讓過程變成在爭辯。

大　人：「你說要當網紅、當電競選手，根本不可能！你以為那麼簡單嗎？」
青少年：「還不是因為你阻止我，如果我有足夠的時間和設備去練習，我還會做不到嗎？」

大人會很想跟青少年分析利弊，但雙方如果處在爭辯觀點的狀態裡，會一直沒完沒了。由於青少年為了急於證明自己，什麼歪理都會出籠，你就算分析地再客觀，他也很難聽進去。

我們還是要謹記我們的目的是：

- 從他現在過的生活，去了解他把讀書的精力挪去哪裡用。
- 這樣做的背後，他是想滿足哪些需求？
- 何以他現在這麼看重這些需求？原本的求學生活遇到哪些困境，以至於他得用現在的方式來追求？

下面我將使用NLP（神經語言學）著名的「正向意圖」技巧，藉由「當你……，可以為你帶來什麼（好處）？」的句型，來協助孩子探索行為背後，甚至背後的背後，是想滿足什麼需求。

大　人：「你成為網紅，這可以為你帶來什麼？」

青少年：「賺很多錢啊！很多人喜歡看我的影片，覺得我很有趣。」

大　人：「當你賺很多錢，很多人喜歡看你的影片，覺得你很有趣，這可以為你帶來什麼？」

青少年：「爽啊！買很多東西，變成受歡迎的人。」

大　人：「當你可以買很多東西，變成受歡迎的人，這可以為你帶來什麼？」

青少年：「覺得自己很強、很棒。」

大　人：「當你覺得自己很強、很棒，可以為你帶來什麼？」

青少年：「就很強啊！很滿足！」

大　人：「所以想成為一個很強、很棒、很滿足的人。」

青少年：「對。」

大　人：「在你想成為網紅之前，念書、考試、社團、下課和同學一起，能讓你感覺到自己很強、很棒、很滿足嗎？」

青少年：「哪有可能，無聊死了。班上那些變態，我怎麼努力，也拚不過他們。」

大　人：「要考贏那些同學，你覺得難度太高了！」

青少年：「對啊，他們智商一定比我高吧！那我怎麼努力，也考不過他們啊？」

大　人：「你什麼時候開始這麼覺得？」

……

孩子當初的學習困境與期待落空，在此若能被大人接住，相信不只是大人，孩子的態度也會跟著軟化。

當雙方不再堅持自己的想法和標準，才能開始協調在學習上的種種共識。

四、青少年升上國中、高中時，第一學期的課業表現將成為關鍵

最後，我還想談一個重要的提醒：家中如有孩子將要升上國中、高中，第一學期的課業表現將成為關鍵。

如果他能從課業中獲得成就感，他會自動把課業學習當作目標，你就不用花很多心思去盯；反之，如果受挫又感到孤獨，他可能會產生防衛，並合理化自己的情況，把重心轉到課業以外的事情去（這就是為什麼小時候自動自發，不代表長大會一路順利下去）。

因為人到新環境，沒有先前的比較基準。**第一學期的表現（班上排名），自然就成為衡量自己的標準。**孩子容易以此來「解釋」，甚至「預期」自己是適合讀書，還是不適合讀書的人。之後就算成績不佳，也不會痛了。因為他把自我價值與認同建立在別的地方上（例如打扮）。屆時，你可能會因成績問題，而在親子關係上與孩子劍拔弩張。

五、大人需要協助青少年，一同面對學習挫折

要特別澄清的是：重點不在於一定要考好，而是大人如何在那個時期幫青少年面對挫折。

就算暑假去補習先修班，也可能只是把問題延後一學期發生而已。（遇到沒有先

補習過的教材，該遇到的學習挫折還是會發生。）

協助青少年一同面對學習挫折，而不是幫青少年避免挫折。

大人若表現得比青少年更不能接受學習挫敗，只會讓青少年更想逃避學習（青少年為了不要感覺到羞恥，那就只好變得不在意了）。

考差了，父母請先收起你的評價和期待，先接受孩子的現況、接受孩子可能碰到的困難。新環境、新的學習負荷，本來就需要時間適應。

因為**可怕的不是學業排名不好，而是孩子從無力面對變成逃避面對。**

一同找回學習節奏、建立學習信心，

一同發掘解決困難的資源。

親子都不需要為了面子，再把彼此推開了。

青少年談戀愛？

——讓「大人做他們的後盾」，好過於一味阻止青少年交男女朋友

小好今天的神色有點緊張，因為她偷交新男友的事情，可能被家人知道了。

「新的男友要給我驚喜，沒先跟我說，就帶著禮物站在我家門口對面，我媽出門就看到他在那邊鬼鬼祟祟的。他一緊張，竟然就給我當場跑掉……」

「被知道會怎麼樣呢？」

「我可能會被我爸打很慘吧……我答應過他們不再交男友的。」

「是什麼原因，你爸爸會這麼反對你交男友？」

「因為我會擅自離家去找男友，啊就很想他嘛……但爸爸那次非常生氣，他說我上

高中以前不可以再交。」

「那……你有因此聽進去嗎？」

「當然沒有，嘻嘻。」原本緊張的她，忽然露出有點賊的笑容。

「我知道你爸後來都有要求你放學回家的時間，也有管制你用手機，這樣你要怎麼交男友？怎麼約會？」

「我有多藏一支手機啦，學校也有同學的手機可以借啊。要約會的話，就說跟同學去圖書館就好。」

「你爸會相信嗎？」

「我同學會幫我啦，那個同學也有來過我們家，我爸知道她，所以還是會讓我去。」

「那你這次打算怎麼辦？」我試著把問題還給她。

原本有點得意的她，眉宇瞬間又垮了下來。

「我可能就說……我不知道他是誰，他不一定是來找我的啊……唉……我爸一定不相信，怎麼辦……」小好越來越懊惱了。

孩子進入青春期開始想交男女朋友，大人總是又驚又恐。大人心理上想反對，但又不知道如何開口。

大人反對的理由不外乎：

- 擔心花心思在戀愛會影響課業。
- 擔心會被人騙，甚至懷孕。
- 擔心會學壞，被拐跑。

越缺乏安全感、越渴望關注的青少年，越嚮往從愛情裡獲得補償

但大人的擔心，是其來有自的，特別是國中階段，心理還未臻成熟。有部分的孩子在人際相處上已有些狀況，那些「罩門」在親密關係中就會更被放大。偏偏越缺乏安全感、越渴望關注的孩子，越會嚮往從親密關係中獲得補償。那

股驅力，使得他們不停地想交男女朋友。

大人疲於阻止，造成親子關係惡化，孩子的感情路仍然走得跌跌撞撞。因為**他本來就已經處理不好自己的情緒，現在多了親密方的期待，加上還要應付與父母間的拉扯**。也因此，實務現場我看到這類**「三重交迫」的青少年**，他們的愛情，苦澀往往比甜蜜要來得多。

即使如此，那份渴望的驅力，仍讓他們奮不顧身地「勇敢」追求愛情，頭破血流也在所不惜。

諷刺的是，很多時候，**大人越想阻止，孩子就越「堅貞」在他們的愛情選擇上**（雖然可能撐沒一個月就自己分手），這當然與青少年這個年紀他們獨有的心態和發展任務有關。

1 對性感到好奇

一般來說，這時期的孩子會想交男女朋友，多出於以下幾種原因：

性器官、性荷爾蒙開始成熟，生理上的性驅力，讓有些孩子對「男歡女愛」的親密接觸，產生很多想像、好奇與期待。尤其是男生，套句網路鄉民說的：「腦袋在想色色的事情」。

但其實，這對青春期的孩子來說，是再自然不過的事情。想像交了女朋友，或許就有機會「更進一步」探索女生的身體。但必須要說，想像歸想像，若放任想像於現實中，就可能做出可怕的後果。

2 對異性感到好奇

不見得是性上面的好奇。

在青春期前，周遭的朋友多是同性居多。上了國中，漸漸地他們會注意到，異性的思考方式、情緒表達和交友模式，跟自己和同性朋友，是有些差異的。就像男生好奇姊妹淘閨密、女生好奇兄弟拜把，到底是怎樣的情誼？

有的女生會被男生的灑脫所吸引，有的男生會被女生的體貼給感動。

雖名為男女朋友，有些人是先出自欣賞，帶著這樣的角度，作為愛情的初步嘗試。

3 朋友都在談戀愛

當周遭越來越多的朋友，話題開始圍繞愛情，自己的心思想不往那裡去，都難。女生圈子會開始談論男友對她怎樣怎樣，男生圈子就開始嘴砲自己想追求哪個女生。如果自己不交個男女朋友，只怕快變成少數、異數了。

為了避免被邊緣化、為了避免朋友問你什麼時候也交一個，自己好像也得「好好正視這個議題了」。

這也是現在小孩好像給大人一種早熟印象的原因。但與其說是真的觀念早熟，不如說是這種議題因為資訊的發達，在越來越早的年齡層中發酵。以前在高中才會比較多同學提及的話題，後來出現在國中，現在則是國小中年級就有小孩在討論（雖然他們不一定了解）。

這會成為一種有力的「推波助瀾」，它會讓孩子較早把心思和注意力留意到愛情的存在。

過去可能只是一種淡淡喜歡的感覺，不特別做什麼，只會保持在同學、朋友關係，就這樣畢業升上高中。但身處現在的環境，會讓人想去思考要不要發展成一段關係或感情。

然而，要不要交男女朋友是一回事，他們可能沒想過在一起之後，要如何經營關係。（不過，哪個年輕人在交往前有想過這個問題呢？我們都曾年輕過啊！）

身為家長，看到這裡，可能以為教孩子不要胡思亂想就好，但事情沒那麼簡單。就像現在的父母想完全阻止孩子使用手機，困難度可是過去的好幾倍。

如果要他放棄朋友都有的話題，還不怕被邊緣化，**你得要有方法，讓孩子建立其他方面的興趣和自信。**

何況我們不能否認的是，愛情有時說來就來。大人的一句「胡思亂想」，可能會全盤否定了孩子自主情感的價值。

4 希望獲得關注

青春期是孩子急於想證明自身獨特價值的年紀。

「我究竟擁有什麼跟別人不一樣的突出之處呢？」

此時，如果出現某個人一直很關注自己，對自己總是讚美不絕於耳。

「在他面前，自己是那麼的美好」，就是那樣的感覺會讓人留戀又嚮往。

對比於現實生活中得不到多少關愛和讚美的人，特別會深陷在這種追求當中。「我的每篇po文，他都有看、有按讚。」只有從愛情裡，才能找到他想要的那種關注量。

5 渴望被呵護

那種被捧在手心的感覺。

從來沒有人那麼積極地每天對自己噓寒問暖。口渴、想吃什麼，就有人跑腿奉上；考不好時，有人會安慰我；跟同學有摩擦，可以聽我訴苦，甚至幫我教訓他。

這種被寵愛的感覺真的很美妙，而且不用跟別人分享那份愛（相比於父母對手足）。

這是專屬於我的愛。總算有人以我為中心，全心全意在意著我。

大人不能用輕忽的態度，看待青少年的愛情

雖然一開始可能出於上述原因，但後來發展出真感情，也是所在多有。

沒有人喜歡別人看輕他們的愛情，對青少年來說更是如此。

雖然許多孩子還沒有經營長久關係的能力，但不代表他們不想「天長地久」。只是他們還在學，只是他們還沒辦法處理好自己的慾望（處理好慾望，是人類一生的課題）。

所以我們大人不能用一種輕忽的態度去看待孩子的感情世界。

- 「反正不出一個月，你們就會分手啦！」這不代表你就可以放心置之不理。
- 「小孩哪懂什麼愛情，不要整天想東想西。」
- 「你不要給我搞大肚子！」說實在，這的確是大人最需要防範的結果。但如果我們用輕蔑的態度去講，青少年接收到的感覺是：你不在意我的愛情，那麼愛情的事情也不能找你討論。

所以青少年沒說出口的或許是：「我知道我在幹麼」、「我才不會讓這種事情發生」。

但「我才不會讓這種事情發生」，不見得他真的知道面對某些情況，他可以怎麼不讓事情發生。

也許內心想的只是「我才不會那麼衰咧」。

■「我們體外射精就好。」結果就那麼剛好地「中了」。

■「我沒有打算跟他進展到那邊。」但面對對方性的要求，卻又不知道該如何拒絕，或是不懂得迴避對方可能「霸王硬上弓」的風險（例如共處在沒有大人在場的空間裡）。

悲劇往往就是在「大人不以為意，且孩子以為自己可以」的情況下發生。

「我們小時候都很聽話，大人叫我們不准談戀愛，我們就不敢多來往，為何現在的孩子都講不聽？」

如果你不想要孩子談戀愛，首先要認清自己是否真有能力讓孩子「聽話」。這一點，真的要大人先誠實面對親子關係的真實情況，不要流於自信或自尊心。

■「我的孩子跟我很要好的，他有什麼心事，我都知道。」

■「我的孩子沒那麼大膽，他不敢不聽我的！」

我聽過不少父母很有自信，但孩子心理所想、所做的，根本不是他們以為的那樣。

我們不妨想像一下，如果我們真的很想跟一個人在一起，在過去那個沒有手機的年代，我們怎麼做到？

偷偷寫信、偷打家裡電話、打公共電話？還可以透過朋友傳話啊……何況，你沒收了他的手機，他到學校還是可以借同學的手機來用。

所以，想要偷偷交往，一定能找到方法。

再者，我們不要逼到孩子使出大絕招——「離家出走」。那些跑去見網友就失蹤的新聞，多半就像這樣。

尤其，對方如果聲稱「可以提供吃住、車錢，要不要離家出走」，真的只是看孩子心情，看他對父母、對這個家還有多少留戀而已。

那麼，大人如果真想引導孩子放下對戀愛的過度關注，可以怎麼做？

以尊重的態度，開放性地去了解青少年的好奇與壓力

在做法上，你要先以尊重的態度，開放地去了解他們的好奇與壓力，不要預設立

場（最怕開場是：「我那個年紀就是怎樣怎樣……」），**請先聽孩子怎麼說**），並協助他們透過不同的方式去滿足好奇，引導他們可以用哪些方法去排解群體壓力。

畢竟，**我們的主要目的**不是單方面禁止孩子戀愛，更大的目的**應該是讓孩子有其他的資源選擇，去面對這些成長議題，去建立戀愛以外的社交自信。**

倘若孩子已經跟對方產生感情，或有強烈的「希望獲得關注」、「渴望被呵護」的需求，想要轉移他們的注意力，可就困難得多。

因為他內心就是有這樣的缺口，目前的環境無法透過其他人來滿足（包含父母），才只能透過愛情來填補。

父母可能會覺得委屈，畢竟已經努力提供衣食無虞的環境，也有在關心他，為什麼還在渴望什麼「被呵護的感覺」？

我只能說，原因很多、很複雜，這不是誰對誰錯的問題，只是加總起來，孩子目前就是有這種龐大的內心需求。

遇到了，大人就是接受，不責怪誰，**好好強化與孩子間的情感連結，才是長久根治之道**（可參考〈明明很關心青少年，青少年卻說大人不懂他、不愛他？〉一文，八十八頁）。

所以綜上所述，面對青春期的孩子想交男女朋友，我認為「大人做他們的後盾」，會好過於一味想阻止他們。

主要的方向有兩個：

一、建立與青少年的溝通管道

所謂的溝通管道，是指孩子和你都清楚在什麼時間、什麼場合、什麼方式，可以去談論他們的愛情隱私。

因為這不像談論一般的學校生活，一開始就可以大剌剌地在晚餐飯桌上講（親子關係好的家庭或許可以）。青少年最初也是帶著敏感的心情，在觀察大人怎麼看待他交男女朋友。也許透過一些試探，了解父母的態度之後，再決定要坦露多少實情。

所以身為父母，在察覺孩子可能有交往對象後，**不妨找個私下的場合和時間，表達你開放、尊重的態度**，孩子也許不會第一時間「承認」，而我們不急於那刻一定要探知什麼。

當他日後覺得自己準備好的時候，自然會透露一點，讓我們知道。

這時候就可以跟孩子談，在什麼時間、場合、方式討論他的感情事，他會覺得比較自在？可以透露多少給誰知道？在這些細節上形成共識。

我們的目標，是可以知悉他交往的對象，以及了解他們之間的交往近況（保持進度更新）。最好跟那個人實際見過、聊過，並且有他的聯絡方法。

如果你跟孩子的交往對象建立親近的關係，孩子在跟父母鬧彆扭時，或是不知行蹤時，你還能有另一個可以諮詢的對象；如果孩子跟交往對象在鬧脾氣，你也能有管道協調雙方溝通，為關係經營再盡一些努力。

不過，這不代表我們在鼓勵他一定要跟對方交往下去，而是既然這是孩子選擇的對象，**如果能從這些經驗中，學習處理好關係（或分離）、處理好自己的情緒，這對孩子日後的獨立與成長，會是難能可貴的資產。**

二、教青少年在各種情況下，可以如何面對與處理

雖然許多人都是在沒有父母的支援下，自己體會這些愛情裡的點滴，但如果有父母的經驗分享，就能避免一些可能的悲劇發生。

1 性接觸

這個部分最為重要。未滿十六歲的青少年，愛撫、性行為都有法律上的問題，這點要先讓孩子明白有這樣的代價和風險。

再者，要跟孩子談論避免懷孕，正確的避孕知識是什麼（雖然我們並不希望他們未成年就發生性行為）。如果不想要，該怎麼拒絕對方的性要求，而且要知道怎麼防範可能的約會強暴。

2 如何尊重彼此的界線？

青少年交往時因為不成熟，有時會有過度控制對方、情緒勒索，或過度強加自己

期望的情形。這也是交往期普遍不長的主要原因。

不是過度干涉對方的生活就叫在乎對方，也不是對方不遵從自己的期望，就是對方不愛自己。

透過適度的引導和學習，青少年能在人際議題裡成長很多。

3 如何處理分手？

尤其是面對交往對象有恐怖情人的徵兆時，如何安全地分手。另外，就是如何面對被分手，如何調適自己的心情，而盡量不做報復之事。

有大人做後盾，孩子面對感情，就不需孤注一擲。

戀愛不用像豪賭，後悔就不會徒增。

目標一變再變，青少年只有3分鐘熱度？

——青少年心理層面的2個困境，以及青少年想獲得關注、肯定的背後心理因素

昕芯有著數不盡的「夢想」。

有一陣子，她想要當服裝設計師，她跟父母吵著要轉到設計相關學科。後來，她迷上韓國偶像女團，希望父母資助她去學歌唱、學舞蹈，讓她往後有機會通過甄選，可以遠赴韓國，成為偶像練習生。

最近，當空姐的學姊回學校分享經驗，她又覺得當空姐可以飛到世界各地，還可以認識有錢人，興起一頭熱，要父母送她去英文補習班，甚至看了社群媒體上的網紅照片，她覺得結合網美跟空姐是個超棒的點子……

每次一有新的點子，昕芯總是會在家裡興起風暴。只要父母對她的計畫提出擔心，或是不如她所願地提供資源，她就會哭鬧父母如何不愛她，只會否定她、看不見她的優點，甚至摔東西、自傷洩憤。

然而，昕芯的夢想只有三分鐘熱度。報名幾個月的課程，往往第二個月就說不適合自己、說同學和老師對自己不友善，就不去上了。

除此之外，昕芯在校的成績也是一塌糊塗，同學認為她只是個愛刷存在感的傢伙而疏遠她……

大人一聽到青少年又有「新目標」，就感到害怕?!

有一種青少年，他好高騖遠、成天做夢。當大人提醒他們要務實一點，他們又會生氣。

「你們就只會否定我。不支持就算了，為什麼要一直潑我冷水？」

更甚者，來個情緒勒索：「做父母的怎麼可以一直打壓孩子的夢想！」弄得大人每次只要一聽到孩子又有什麼「新計畫」，就感到害怕。很怕順著他就會一再做夢下去，書也不好好念，整天只會要錢、要資源。

大人最擔心的不是青少年不升學，而是凡事只有三分鐘熱度，那樣的習性，不論是做什麼行業都不可能成功的。

而青少年為什麼會有這樣的狀況？其實，他心裡底層真正相信的是：

- 我看不起自己，別人也看不起我，所以我要特地完成一些偉大計畫來證明自己。
- 我做不到。

縱然他的外在看似信心滿滿，但底層其實明白自己沒有斤兩，**但你絕對不能直接戳破他（他也不會承認，只會更討厭你、更防衛你）**。

那麼，既然他都認為自己做不到，為什麼別人認為他的計畫不可行，他又在跳腳？

因為他跳腳代表的是：「我可以成為偉大的人喔，是你認為我做不到，是你在阻止我，才害我現在這麼廢喔。」然後他就可以不用費力去實踐（只要做夢就好）。就算不顧旁人的反對蠻幹，失敗了，他也可以怪你不夠支持他，所以才害他失敗。

「但他的計畫就是好高騖遠啊，能力差那麼多，又常半途而廢，還想要跟我要資源？」

那是因為我們也把他的話「當真」了。

一、青少年跟大人分享夢想，是想獲得大人的肯定

這樣的孩子跟我們講他的計畫、他的夢，最大目的往往是為了獲得關注、獲得肯定。他得要把夢想講得跟真的一樣，聽的人才會相信他真的要去做（他也同時在催眠自己他會去做。但從行動上來說，就算很快放棄，對他也沒多少影響）。

大人怕的是，有些決定，會產生很大的影響。如果依著他的衝動行事，恐怕會很慘。所以**我們**不是真的在陪他計畫，而是**特地花時間陪他「做夢」**（只是看起來很像跟他在討論計畫）。

大　人：「你想從事 XX 啊，很好啊。多久？」

青少年沒有正面回答，開始講一些五四三，你就大概有底。

大　人：「所以你想做 XX，多久？」（持續問）

青少年：「什麼多久？」

大　人：「就多久嘛，你想做 XX，多久？」

青少年：「一輩子。」

大　人：「喔喔，一輩子的話，如果做到退休，大概有五十年，也就是從今天開始連續做五十年，很長的時間欸。」

青少年：「……對啦。」

大　人：「很好啊，既然是你終生的志業，你可以想得更完整一點。像你剛剛說的某某想法就很棒，如果往……方向去想，就更完整了。下次我們再來討論更詳盡的計畫。」

青少年的主要目的，如果是想得到關注和肯定，我們這樣做，就能滿足到他，他會接受而不會有不滿。

所以，我們一定要說清楚他哪邊的想法好在哪裡、往哪邊的方向去想就更棒。如果省略這些，或是語氣不真誠，都會讓他感覺被輕忽，自然就無法滿足而繼續扯。

如果青少年下次真的提出更細節的計畫，你就肯定他做得很好，並抛出更多的情境，讓他想更多的細節，讓他把計畫做得更全面、更實在。

因為這個計畫要不要實行根本不是重點，而是**透過這個過程，訓練孩子更細緻的思考，訓練孩子更腳踏實地。（而不是直白地說「你要腳踏實地」，他會覺得被批評而無法接受。）**

假如他的計畫被他修正到真的有可行性，他也開始去做了，我們也肯定他，因為他正在往腳踏實地的方向邁進。

孩子已經進步如此，如果大人還是無法接受，那麼大人反而要問自己：不能接受孩子的計畫，究竟是孩子還在好高騖遠，還是自己的價值觀無法接受？（例如小孩就只能念書。）

讀到這裡，你可能會有疑惑：「前面不是才說，不要把孩子好高騖遠的計畫太當真，為何還要注重語氣真不真誠？」

在這裡要澄清的是：

要把「孩子想跟大人分享夢想、獲得關注」的這個意圖當真，而不用把「孩子這樣做這個計畫會產生什麼結果」當真。

意思是，孩子在講假的東西（但他自己認為「真」得不得了），大人也要用真的語氣，陪他講假的東西（陪他做夢）。如此，孩子一樣能獲得滿足。

二、大人別用「看你能做多久」的口氣，詢問青少年

如果孩子還是無法結束對話，一直盧不停，那麼我們要往兩個方向去思考：

- 過程中，青少年還沒有獲得足夠的關注和肯定。
- 青少年真正想要的東西是金錢或資源，計畫或夢想只是理由而已。

尤其是第二點，我們就要思考，孩子拿到錢，到底是要做什麼？真正為的是什麼？也許是為了藉此買一些行頭，來撐面子（例如想買名車，就聲稱創業需要），那就得要從這個部分去處理了。

而大人面對成天做夢的孩子，我們自己的目標也要先明確。

我們不是要等他做不到或放棄的時候，跟他說：「你看，我早說過行不通吧。」這樣他只會歸因於是你的不支持才會失敗。不僅沒學到教訓，反而又回去開始那個「怨大人、怨環境」的心理循環。

我們也不是要在他開始換新計畫的時候，就跟他說：「你上次不是說要做XX嗎？怎麼現在又改成OO了？」這樣就促使他開始找一些理由與藉口，例如孩子會說：「原本那計畫是如何地比不上OO，OO更棒……」同樣的，他也沒有學到教訓。

既然這樣，為什麼我們還要問他「想做多久」？

那樣做的目的，是**為了暫時中斷他腦內的慣性**。

因為當他想到什麼自認的好點子，他就想要趕快獲得大人的支持。一旦被問到要做多久，就像「帶他回到地面」，他得要想像自己能夠做多久，他就比較不會天花亂墜地繼續飄遠，越扯越陶醉。

請特別留意，大人不是用「看你能做多久」的口氣來問青少年，這樣他馬上就會警覺到你不相信他。**我們用的口氣是一種專注於欣賞他計畫的態度**，你越把他的計畫「當真」地問他想做多久，他反而越會不知所措。

同樣的道理，當他好高騖遠地認為他很快就可以做到驚人的高成就，我們可以回應他說：「就算沒什麼基礎，天才一樣可以做得到。加油！」（但如果他沒有幻想自己有高超的能力，就不要這樣回應，以免他會覺得被諷刺。）

三、大人別直接戳破青少年的夢想或目標

還記得他的底層其實是相信自己做不到、能力差勁，所以若我們順著他的話，他反而會自己清醒。

他可能會愣住，或是用換話題的方式帶過。我們要適時給他台階，畢竟我們的目的不是要戳破他。如果我們直白地說他妄想自己是天才，反而激起他的防衛機轉。

然而，要讓他學會對自己的承諾負責，現在還太早了。現在的他還需要一直轉換新計畫，來維持住自己的自尊心。所以，**大人要把目標放在他的長期自我概念上**。

人的自我概念，是一種自我驗證預言。

當你認為你自己是什麼樣的人，你就會表現出什麼樣的行為。

相對地，當你常表現出什麼樣的行為，就代表你的潛意識可能相信自己就是那樣的人。

因為他底層相信自己做不到、做不久，所以計畫碰到困難就選擇逃避、換計畫。長久下來，自然學不到計畫該怎麼透過一次次地修正與再投入，而更加周全。

四、大人要慢慢讓青少年相信自己能說到做到

因此，大人的目標就是讓這樣的孩子，長期下來越來越相信自己是一個：

- 說到做到的人。
- 能持續在一個目標上投入的人。

在輔導青少年的過程中，一定會遇到他的計畫總是變來變去。假如他分享的生活經驗裡，能跟他提過的計畫扯上邊，我們就肯定他是一個「說到做到的人」、是個「能堅持到底的人」。

對於他又提出新計畫，我們不懷疑、不問先前的計畫，就用上述提到的原則順著他，讓他能自然而然地「著地」。

青少年就能漸漸把興趣固定在某個領域上，並且開始投入一些實質努力。**我們就一點一滴從他的小改變著手，讓小改變帶來更大的改變。**

相信自己能說到做到，

才會對自己說出的願景更加珍惜。

青少年拚命在課堂上發言？

——3種樣貌，以及7個可以視實際狀況搭配調整的解決方式

源沂很踴躍「參與」老師上課的提問。

雖然老師是向全班同學提問，但源沂總迫不及待地把自己的答案大聲講出來。

老師花了好一段時間，才讓源沂在回答前能先舉手。

沒想到，源沂改成踴躍舉手。

但老師每次點他起來，源沂總會扯太多自己家裡的事情，內容越講越偏，滔滔不絕，占走課堂不少時間，老師得要費心打斷他。

後來，老師索性改點別的同學回答。

幾次「落空」之後，源沂就會按捺不住，邊舉手邊喊著：「老師！老師！」

「先等一下，讓其他同學也能發言。等一下，我會點你。」老師說。

但隔沒多久，源沂就又一邊舉手，一邊說：「老師，這個我也知道。」

「我知道你知道，先等人家講完。」

只是隔沒多久，源沂又問：「老師，什麼時候輪到我？」

有一種青少年，在課堂上總是踴躍發言，但實在太「踴躍」了，老師都會開始苦惱到底該不該點他起來發言（很多時候沒點他，他也直接開口）。

因為他參與的態度、不怕生又敢在眾人面前說話的勇氣，老師認為可以給其他學生一些激勵。

但過於頻繁的舉手，不但打亂了教學的進度，同時也縮減了其他人發言的機會。

這樣的青少年，常見的有三種樣貌：

1喜歡引經據典

有的青少年甚至會詳細說明來由典故、比較細微異同，補充自己是從哪知道這些知識。聽久了，有點像賣弄學問、掉書袋。

這樣的青少年人緣通常不會好，別人覺得聽他說話很煩，且有種被瞧不起的感覺。

2愛分享自己的生活經驗

老師只要講到跟他生活可以湊上邊的關鍵字，他就會迫不及待地想「分享」他自己的經驗。

他們常這樣開頭：「我也有……」、「我們家……」、「我媽媽說……」。一開始會覺得他活潑、健談，但久了之後，每個人連他家三餐吃什麼都可以瞭若指掌。

3想要讓同學發笑

冷不防地抛出一句耍冷、諧音，甚至是黃色哏，希望讓大家哈哈笑。目的可能是想要成為大家眼中會搞笑的人，或是想讓課堂氣氛變得活潑（**這可能反映他課堂學習參與低落、跟不上進度**）。

要不要接受青少年舉手發言只是為了搞笑，其實看老師自己的接受度。如果當作氣氛調劑，允許他一、兩次短暫的表演機會也無妨。

但如果希望發言不要有任何離題，老師除了重申教學目標，還可以試著用以下第六點的引導方式。

然而，重要的原則是：我們不接受課堂有黃色言論，因為這與性別友善環境、性別平等及性騷擾的法律有關，老師可以藉此機會教育。

如果他的「搞笑發言」偏酸，似乎是要讓場面變得尷尬，則建議參考〈青少年酸言酸語，干擾上課？〉一文，一〇九頁。

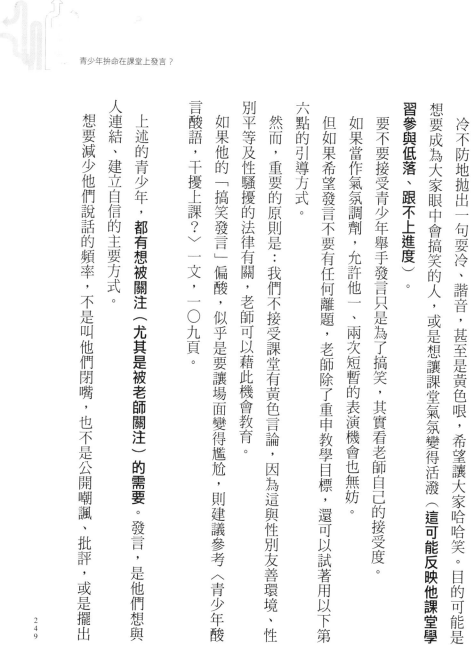

上述的青少年，**都有想被關注（尤其是被老師關注）的需要**。發言，是他們想與人連結、建立自信的主要方式。

想要減少他們說話的頻率，不是叫他們閉嘴，也不是公開嘲諷、批評，或是擺出一副不想聽的態度，這樣會使他們更焦慮。因為「**說話」可能是他們目前少數想到可以被大人、被同儕看見的方法**。

如果直接禁止他們說話，他會覺得自己說的話沒有價值（沒人想聽），**連帶地，也會覺得「自己是沒有價值的」**。

以下是一些協助建議，可以視實際狀況調整、搭配使用：

一、當青少年發言的時機不恰當時，先反映其行為價值，再予簡單引導

例如老師可以這麼對愛發言的青少年說：

「我要打斷一下，老師知道你的意見應該滿有趣的，但正因為如此，我會在這堂課進度到一個段落後，找個完整的時間讓你分享。」

「謝謝你舉手，但老師也想聽聽其他同學的看法，我們留一些機會給其他同學。」

二、私下找青少年說明「老師的煩惱」，也想請他協助

下課的時候，老師不妨找愛發言的青少年來，一對一談話。

老　師：「老師有個煩惱。就是老師有時覺得你的發言很有趣，也知道你想幫同學增加一些知識，但老師等你說完，常常會忘記接下來要教你們什麼。原本我一節課要教你們這麼多的東西，現在只能教你們這麼少。老師很著急，怎麼辦？」

青少年：「那我提醒你教到哪裡。」

老　師：「謝謝你，但不行欸。雖然你可以提醒我教到哪，但你不知道我腦中接下來要教你們什麼、要告訴你們什麼。而且我原本要教你們四十分鐘的內容，但讓你分享十分鐘，我就會差十分鐘沒教你們，一節課差十分鐘，段考之前，就會少幾分鐘的課程你們沒辦法聽到？（讓他去計算，更能感同身受那種壓力。）」

青少年：「那我只分享五分鐘就好。」

老　師：「謝謝你的幫忙（青少年願意配合，就要及時表達感謝），你很體貼。但別忘記其他同學也會想發言，你們的發言對我來說都很重要。這樣好了，老師在課堂上專門給你三分鐘的時間發表，而且不讓別人打攪你。」

做好約定之後，答應他的事情就一定要做到，否則青少年將不會相信我們而願意做出改變。

以上的做法，青少年不會覺得被指責被否定。因為**我們看見他行為背後的善意（替同學增加知識），他內在的想法也被我們欣賞到了（你的發言有趣）**。

讓青少年站在協助老師的角色，他跟老師會有種親近感，行為改變會更出於自身意願，而非被迫。

三、課堂上想發表什麼想法，先寫下來

老師可以這麼對青少年說：

「老師明白你會擔心沒有趕快講出來會忘記，那就把它寫下來。有條理地把它寫下來。等老師找到時間，請你發表時（就像上述提及的三分鐘），你就可以更清楚地表達，讓同學能更完整地知道你想跟他們分享什麼。」

四、營造一個公平、可以互相討論，但不批評他人意見的空間

盡量讓每個同學被點到的機會和時間是差不多的。一開始，話多的孩子可能無法適應，但可以給他一點彈性，讓他的「專場」時間可以稍微長一些，但也不能多於其他同學太多。

相對地，也不要因為害怕或討厭他說太多話，而刻意不點他發言。如果孩子抱怨時間太少，私下找他來談，帶他客觀地回顧每個同學發言的時間，孩子會發現老師是公平的，而且的確是被老師重視的。

青少年可能會覺得別人的發言不對或不如他有價值，而出聲質疑、批評（相反的情況也是，同學可能會受不了他的言論，而在他講話時出怪聲），老師都要出面制止。

老師可以強調「**每個人的發言都是有價值的**，就算答案不對，也沒有關係。這世界有那麼多的知識，一定有自己不知道的地方，繼續學習就好了。而尊重別人發言是很重要的，因為被別人隨意批評會難過。」

「如果你對別人的發言有疑問，想想你可以怎麼說？」（老師藉由剛才發生的狀

況，重新示範一次。）

五、私下給予青少年發表的機會

透過上述的做法，青少年話多的狀況如果改善有限，有可能是想被看見的需求還未完全滿足。那麼，就要透過下課或空堂，約定一個短暫時間，找他來一對一分享，但也不要給他太多時間，**老師還是要保有自己的休息空間和界線**。

此外，亦建議家長多花時間跟孩子聊天，但不要對知識考究給予太多的偏好。（這可能是促成他變成學究型青少年的原因之一。）

六、引導青少年更扣緊課堂主題

初期可以等他說完後，摘要他的內容與課堂主題的關聯。

「謝謝你的分享。你想說的是，你看到……（你的經驗）跟我們現在講的……有關，這讓你想到……對嗎？（青少年點頭）下次我想請你以這樣的方式開頭，大家就能更清楚理解你想分享給我們的東西。」

之後，孩子舉手，就提醒他先用這樣的方式開頭，再繼續發言，並在其發言結束後，肯定他的分享。

七、當青少年用發言以外的方式融入團體時，給予肯定

例如，透過實際行動幫助其他同學；或是給予其他同組同學發言的機會；或是對別的同學有更多的聆聽和觀察，而不是急於讓別人知道自己的想法。

青少年就能漸漸學到發言以外的方法，一樣能被別人看見其價值，一樣能跟別人建立起好的連結關係。

關於青少年話多，其實我們只是覺得發言太頻繁、被打擾，並非完全否定他發言的價值，更沒有覺得他的言論就等同於他這個人，不是嗎？

換句話說，如果他的發言能調整到更合適的頻率，更會看場合、時機發表，反而可以提供不同的刺激和視野給大家，並活絡團體的氣氛。而這樣的理想，也是他一直以來的目標（只是他沒搞懂做法）。

即使是不恰當的行為，倘若行為背後的動機能被看見、被欣賞，
行為要不要表現出來，往往是其次了。
這就是看見和欣賞的力量。

青少年回答簡短、發呆、與他人互動少、舉止奇怪？

——當青少年的語文思考和表達能力不佳，「多跟青少年聊天」是最簡單又有用的方法

沁德老是在發呆，上課發呆，下課也發呆。他如果不發呆，就在走廊上晃來晃去，或盯著別人看。

剛入學時，同學就覺得他怪，因為往往跟他無法對話幾句，就被他「句點」，很難聊，加上他不時會做一些奇怪的舉動，或無緣無故就找人挑釁。所以沒多久，沁德就變成班上的邊緣人。課堂分組還得靠老師幫忙，才有組可以待。

老師對沁德也是感到很頭痛。沁德的桌邊環境髒亂，作業常常缺交，作文還近乎整篇空白。

老師找沁德問話，得到的回答不是簡短的單詞，就是沁德聳肩說不知道，或直接發呆、放空。

大家都不太懂沁德到底在想什麼，也不知道該怎麼協助他。

你是否已經發現了？回答簡短、發呆、造句能力差、與他人互動稀少、舉止奇怪、沒有朋友，這些問題常常是伴隨在一塊的。

因為**背後都指向一個共同原因：他們的語文思考和表達能力不佳，這使得他難以跟同儕有正常的互動。**

班上同學在玩，他想加入，卻不知道該怎麼做，也無法適當地表達內心需求。常常說錯話，讓同學反感。同學覺得他很難配合又白目，不想跟他玩。被孤立之後，覺得無聊又孤單，他開始做一些奇怪、挑釁的舉止來吸引別人注意，卻讓別人更討厭他、更不想理他。這下人際互動的機會變得更少，更不知道如何表達自己來融入團體，如此惡性循環。

從小到大，青少年太少機會練習表達

而造成他語文思考能力不佳，除了先天上的因素，主要是源於從小到大他太少機會練習表達。

父母忙於自己的工作或沉浸於自己的娛樂，一天鮮少跟孩子說上幾句話（僅有的幾句是命令句，孩子沒什麼機會表達意見）。**陪著他們長大的是手機、是電視。**跟閱讀不同，閱讀能隨時停下來，讓你有時間去思考、去感受、去消化。但手機和電視的刺激是持續不間斷的，在還沒來得及咀嚼之前，就有新的刺激進來，孩子只能被動地接受聲光，腦袋中的過程卻是一片混沌。

他們不清楚自己確切的喜好和感受是什麼，無法透過檢視內在，好好表達出來；他們也無法描述客觀事實發生的經過，因為他們缺乏需要主動觀察外在世界的練習經驗。

所以，人事物從眼前飛過，而留在心中的實在太少。與人衝突了、犯錯了，即使他想跟你坦承，你問他剛剛發生什麼事，他是真的無法回答得出來。

從「聊天」開始

那麼，該怎麼促進他的思考與表達能力？

最簡單又有用的方法，就是多跟他聊天。（上台報告對他來說太刺激了；要求他閱讀，你得花時間一直盯著他，不然他可能會打瞌睡，或書本放一邊東摳摳、西摸摸。）若放任他跟其他同學自然對話，他可能直接被打槍。但大人的耐心比較多，就由我們先主動接觸他。在私下自然輕鬆的情境裡（例如下課），透過關懷，給他一些表達和思考的刺激。

此外，**聊天**的好處多多，**還可以提升青少年情緒穩定度和同理心。**

與青少年聊天時，保持好奇心

跟這樣的青少年聊天，把握一個原則，就是：**保持好奇心**。

你的好奇，會自然而然呈現出你對他的積極關注與尊重。好比如果好奇投資大師是如何賺大錢，你一定會好好聽他講話，不會任意評價跟插嘴吧？並且想對他的各種情況好奇發問，而不會講太多自己的事，把時間占光。

而被這樣好奇的人，就有機會去整理自己、去更為留意在他周遭或在他身上發生過什麼事。他會更想去了解自己的狀況（因為要回答你的關注），久了他也會對自己感到好奇，進而提升自信和內在覺察。

一開始，他們可能還是以「不知道」、聳肩、恍神來回應你，你就要試著從他的處境來推敲可能的狀況，就像是選擇題一樣，把選項提出來讓他們選。在他們選了之後，你再複述一遍那個狀況，除了加深他對自己的印象，也是間接鼓勵他嘗試用自己的話說出來。

例如：

大　人：「你喜歡去夜市玩啊，那你去夜市都做什麼？」

青少年聳肩。

大　人：「是去吃東西，還是去玩夜市的遊戲攤位？」

青少年：「都有。」

大　人：「喔！原來吃東西和玩遊戲都有。那你喜歡吃夜市的什麼食物？」

青少年聳肩。

大　人：「很多人喜歡牛排、蚵仔煎，或烤肉串，你呢？這三樣有你喜歡的嗎？」

青少年：「牛排。」

大　人：「你喜歡牛排。那你每次去夜市都有機會吃到牛排嗎？」

青少年：「不一定。」

大　人：「為什麼不一定？」

青少年聳肩。

大　人：「是因為家人不一定都願意帶你去吃？還是牛排有時候沒開？還是你有時候想吃別的？」

青少年：「他們帶我吃別的。」

以上的對話若持續發展下去，可以蒐集到青少年的喜好、家人之間的互動，以及他的父母是如何教養孩子等等。

如果你覺得他有點煩躁了，就放慢步調，盡量讓聊天的過程維持一定的熱絡而非僵化。

這樣的談話可以常常進行，久了之後，你會發現他能講的句子越來越長，甚至開始主動跟你講他的一些興趣和煩惱。

我在諮商中常跟青少年「聊天」，**透過像聊天的方式，刺激他的表達和思考**，一邊也蒐集諮商評估所需要的資料。

有些老師也會跟我回饋：他開始能跟同學聊天、能交到朋友、怪異的行為減少了，他開始會抱怨而不是大發脾氣，甚至有的人學習能力開始變好。

語言的刺激，對青少年的成長非常重要

青少年會抱怨是好事嗎？是的，那**代表他有表達自己感受的能力了**。

在沒有這個能力之前，他可能是直接發飆或是跑給老師追，只因他無法面對這種負面情境，無法把他的不爽讓老師、同學明白。

可見得語言的刺激對青少年的成長有多重要。如果青少年抗拒課本、閱讀，那就先從生活化的聊天著手吧。

青少年有了表達、互動上的自信，才會想更主動親近別人，才會想在乎別人的感受，對別人好。

能用語言留下經驗，身旁的人終於不再只是過客，而能成為心中留下分量和溫度的存在。

如何培養青少年的榮譽感與責任感？

——大人應避免的7大地雷，以及老師可以再施力的2個重點

裕文是籃球校隊的一員，他因為人際衝突問題而被轉介來晤談。

不過，漸漸地，我發現他只要在籃球隊有所表現，就不太聽聞他跟誰會有衝突，出席率及課堂參與也會好上許多，來談時的思考，更是較為正面、成熟。

當然，這種好轉會跟著他在籃球隊的表現而起起伏伏，可能穩定了兩、三週之後又變得不穩定。

於是，我找他的教練商量，請教練指派一些職位或任務給裕文，讓裕文一邊感受到教練的重視，一邊培養他的做人處事。

「其實我對他是比較彈性和包容的，因為我也知道他的情況。」教練說。

我感謝教練給予的彈性，肯定籃球隊對裕文性格成長的幫助。

某次的晤談，裕文提到自己因為比賽打不好，感到很沮喪，所以蹺了好幾次的練習，一星期也有兩天不到校。

「我乾脆退隊算了……沒人在乎我，我又打不好。」裕文難過地說自己的壓力很大，好像無論怎麼練習也打不好，隊上的人還在嘲諷他。

我先同理他的心情，了解他是從什麼時候開始狀況下滑。裕文這才發現，自己不是一直都打得很差，原本他的狀況不錯，是這兩週才開始碰到瓶頸。

「我覺得你能去打大比賽是很好的一件事，你一定能從中進步。

「我期待你上三年級之後，隊上不給肯定只會嘲諷的風氣，會因為你而改變。」

從裕文的眼神，我知道他認同我的話。

之後，裕文越打越好，很快就走出低潮。他的好表現也讓隊上的人又喜又意外。過往害怕比賽的他，也開始有自信迎接挑戰。人際衝突的問題已不再聽說了，現在的他還會協助指導學弟，是讓學弟信賴的學長。

青少年特別渴望自己被看重

要訓練青少年榮譽感，但伴隨而來的責任，卻常讓青少年半途而廢，這真的是很讓大人感到兩難。

人都會希望自己是被看重的，青少年特別渴望如此。尤其是看不見自己特長的青少年，在自我認同上一直有迷惘、焦慮的感覺。

試想，日復一日的升學課堂，每天就是上課、交作業、考試，重複循環。如果學業成績嚴重落後，這樣的生活似乎就與自己無涉。

「我就像是個坐在教室裡的人偶。」

悲觀一點，好似「整個人生，沒有任何值得期待的地方」。

畢竟青少年的生活範圍有限，除了課業外，能發揮的舞台更是稀少，不難想像會有這樣的絕望感。

滿腹的苦悶與精力無從發洩，結果就是容易看人不爽，常跟別人起衝突；想另覓生命出口，網路世界常成為他們唯一感到「活著」的地方。

說到底，**人的生活需要有重心，不然就會被空虛與焦慮占據，注意力都跑到自己做不好或別人做不好的地方。**當越來越陷在憤怒與憂鬱裡，連身體的病痛都可能跑出來。

青少年難以一步到位

所以，當青少年主動說出未來志向，或是希望爭取什麼比賽榮譽時，關心他們的大人會喜出望外，一頭熱地努力想幫他們找資源。讓他擔任班上的股長或小老師、協助他加入校隊、爭取對外比賽名額……

但我們常忘了，**青少年在各方面還處於學習、不穩定的階段**。他們通常不會一步到位，從此發憤圖強。

實情是，他們過往的人生很少這麼「認真」過，突然這麼投入，就會遇到許多以往未曾遇過的狀況。

例如不知道如何安排自己的時間與進度，事情做不完、成品交不出來、忘記練習時間；或是開頭太求好心切，後面落後太多，只能虎頭蛇尾草草了事，最後再讓自己懊悔。

又或是，太在意他人眼光、看不清自己的定位、遇到挫敗無法調適。成績理想時，以為自己天下無敵，恃才而驕，偷懶不想練習；成績不佳時，天崩地裂，覺得自己一無是處，無論怎麼練習都沒有用。

面對別人的挑釁與嘲諷，又太感情用事，輕者造成自己患得患失，比賽失常；重者，暴力回擊，導致自己失去比賽資格。

面對團隊隊友、學弟妹的不配合，一味想用權威鎮壓所有反對的聲音，處理不來時，就想丟下領導的位置躲起來。

青少年輔導現場最常碰到的難題

其中，**最令青少年無法忍受的，是他人的否定與懷疑的眼光。**

雖然成為一名選手，是打磨心理素質最直接的途徑。只要熬得過，許多心理適應問題都連帶迎刃而解（甚至還能有餘裕協助同儕）。但它的過程往往很「硬」。面子薄、自尊心高的青少年，容易認為別人在否定他。只要覺得自己被否定，就會跳到「你要我做，我就偏不做」的狀態裡。於是，大人好不容易為他建立的資源，他們說放棄就放棄。再找下一個能燃起他鬥志的事物？談何容易。不要說孩子提不起勁，周遭原本想協助的大人，都搖頭不想再幫忙了。

這就是輔導現場常碰到的難題。

要培養青少年的榮譽感與責任感，有許多地雷是大人可以避免的：

一、就事論事，不帶人格評論

犯錯的地方，可以訓誡糾正；有做不好的地方，就教他怎麼做。

但**有些大人的口語習慣**，或許是苦口婆心，說出來不僅沒有警惕效果，還**徒增青**

少年對你的反感，加深對自己的否定。

例如：

「我就知道，又是你！」

「上次就是因為你……（翻舊帳）」

「你就是太懶惰。」

「你故意的，是不是？」

「你是存心要來氣我的嗎？」

「你不要帶壞其他人。」

「這裡不歡迎笨蛋、廢物。」

二、大人的框架不能比青少年還小

大人如果認為現在成績不佳，未來一定不可能成功，那麼孩子就更沒有努力的理由。

「你……算了吧，能不被慘電就很保佑了。」

「你的能力根本不可能，不用想了。」

「我不想浪費名額在你身上。」

有時候，我們的內心是想教他們「看看別人努力這麼多，才有現在的成就，不要好高騖遠」；有時候，我們其實是想保護他們，避免遭遇太強的對手而大感挫敗。但**青少年容易因著大人給他們的天花板，而認為自己的極限就在那裡。**

別忘了青少年很需要透過證明，來定義自己是誰。天花板給太低意味著「你就是這麼弱」，那麼青少年何必為了那麼弱的自己而努力呢？努力了，還是比不過人家；努力了，反而證明自己就是個別人眼中的弱者。

我們可以對青少年說：「你想要像頂尖選手一樣，挑戰高難度比賽？很好，有這樣的目標！那我們要更周全地考量我們要準備多少的訓練。依據經驗，那樣的選手至少要做幾種、幾小時的訓練。」

就算你評估這個青少年天分不夠，你為他安排低強度的目標，他卻不肯接受，你也可以這樣表達：

「這比賽看似不搶眼，但厲害的人，只要從這裡打起，一下子就能越級了。比賽不只看難度，還有調整自身狀態、適應環境的功能。你先前沒有那些經驗，就從這邊快速累積吧。」

「我看好你能贏得比賽，但不可以輕敵，因為輕敵是打輸比賽最爛的藉口。」

原則就是要他先透過低強度比賽來證明自己，再來談跳級訓練，但我們不接受輕敵。若因此比賽輸了，他自知有承諾在先，點他一下就可以了。

三、不要比青少年還急

青少年對於自己表現不佳，其實比誰都還在意。只是臉上未必表現出來，或更要假裝毫不在意。但大人看到這種臉，火氣容易飆上來就開罵：

「你能不能不要那麼散漫和粗心！」

「帶你去比賽，以為我吃飽沒事幹嗎？還不好好檢討自己。」

「唉，我真是高估你了。」

「你有資格生氣嗎？氣的人是我吧。」

已經沉浸在自己的失望之下，加上大人這些否定的話，青少年真想乾脆一走了之，不用再面對。

取而代之的做法，青少年如果對比賽結果生氣，就對他說：「記住這種不甘心的感覺，自己找個地方平復情緒。好了之後，我們再來檢視比賽過程。」

如果他看起來沒什麼感覺，甚至還在嘻嘻哈哈，就直接找來一同檢視比賽過程。他若是在乎比賽結果，就會認真聽你講；他若開始搬一堆理由出來，就代表他還是在乎的。

不與他爭辯理由的真偽，當作下次改進的依據就好。例如：「你說你剛剛肚子痛，那下次你知道要怎麼注意飲食嗎？」

四、標準要比一般人有彈性

即使對他有期待，還特別交辦任務給他，但他的能力還需要培養，性格也不若其他人穩定。如果標準跟其他人相同，他很快就會遇到挫敗。

然後，他大可跟別人說：「當初又不是我要做的，都是教練丟給我的。」聽到這種話，你會想吐血，覺得苦心和美意都變調。但這只是他慣有的逃避、推託之詞，我們不必為此放在心上。

當然，為了避免這種情況發生，最好一開始就能依據他的情況做一些彈性、放寬。

五、表揚盡量公開，糾正盡量私下

某些性格不穩定的青少年，確實是比較敏感一些。別人可以承受的話語，對於他，你可要思考、斟酌。

私下糾正青少年的內容，拿到公開來講，未必可行。因為青少年非常在意同儕怎麼看自己。尤其話語的內容，如果讓人覺得是他在拖累全隊，或他就是全隊最差勁的人，這會讓他非常難堪，難堪到再也不想來。

有些大人很喜歡用激將法。其實，會因為激將法而更加振作的青少年，並沒有你想的那麼多。不少青少年被你一激，只會想揍你，並沒有起到什麼「振作給你看」的效果。除非你對他的性格很有把握，不然最好不要用激將法。

相對地，人人都喜歡被稱讚，特別是公開受到肯定，對某些青少年來說非常重要，這會讓他們記很久。

六、不要把私領域的事情帶到公領域訴說

「大家聽好，這傢伙上星期在班上打架。在這裡誰敢打架，我就退誰隊！」

雖然這是發生在隊外的事實，但這樣講太有針對性，青少年會覺得面子掛不住，尤其這牽涉到他的隱私。

可以對所有的選手重申，身為隊上的一分子有什麼要求，哪些事情絕不可以做。而且隊長尤其要以身作則、標準更高。私下再對他表示，你知道他平時有哪些不良行為，你對他很看重。如果要當隊長，會有更高的期待標準。

這樣他就明白自己目前的行為與隊長的目標落差有多大。

七、不要嘲諷他的理想和目標

「口口聲聲說要拿第一，這種表現，能拿第一喔？」

「你不是要當隊長嗎？你是要讓學弟妹看笑話嗎？」

還是要重申：**激將法多數只會造成反效果**，原因在於你講這些話是出於什麼樣的

期待。

你是真的期待他能拿第一、當隊長？還是只是想嘲諷他不自量力？**青少年**會很敏感地接收到你嘲諷的心態，而他們**最討厭被嘲諷**。

如果你不相信他的理想，就不要用激將法；如果你真的相信他的理想，就更不需要激將法。

此外，指導老師還可以做：

1 多幫他找比賽

實際比賽的經驗，對青少年是最好的成長機會。由於練習常常是重複且枯燥的，而比賽的結果一翻兩瞪眼，最能給青少年警惕和震撼。

許多老師事前提醒的細節，青少年不相信、不放心上，但經過一次次比賽後，青少年就能實際驗證，並看見自己與外界的差距。比賽也給予青少年實際的目標，有了目標，就更能忍受枯燥的練習。

所以多幫他們找比賽，是協助成長的有力途徑。

2 給他一些團隊任務

讓他因為你交辦的任務，得接觸更多的人和同儕，還能特別感受到你對他的看重。為此，他要學習與人溝通，學習觀察別人的狀況和處境，學習當別人的榜樣，學習為自己的言行負責。

從前，他只在乎自己的感受就好。被賦予團隊職位後，他需要關照其他人，思考怎麼做才是對團隊最好。

由於他要學習的東西一下子變這麼多，這對他的成長會很有幫助。但同時可預見初期他會常常犯錯、與他人時有扞格。所以**團隊任務、職位，先從簡單、初階開始賦予，並給予較多的包容。**如果可以，定期讓他向你回報進度，同時教他怎麼看事情、處理事情會更好。

因為他們的能力一開始不像同儕那麼好，如果放著讓他自己處理而沒有盯著進度，只怕最後的結果會讓你傻眼，而對他失去信心。

至於輔導老師或心理師可以多做什麼呢？

1 當他的情緒調節出口與心理素質教練

技術、體能上的專業，不是輔導的擅場，要留給指導老師和教練。輔導能做的，就是給予專門的時間、空間，讓他能暢所欲言，好好面對自己的情緒、感受。有些話不適合跟同儕說，而教練又沒那麼多時間可以安撫、開導他，輔導老師就成了很好的情緒調節出口。

因為，**要成為一個好選手，心理素質和技術體能一樣重要。**

面對比賽的焦慮和張力，可以如何調整；面對比賽的結果，該如何看待和接受；面對被賦予的任務和職位，要如何做人處事，這些都是輔導能做的。

透過這樣的過程，青少年的心理就能獲得很大的成長，而不用把時間全聚焦在我們以為的輔導議題上。

2 整合系統資源

有時，青少年會在輔導時間裡，透露他對隊上的不滿，而我們最好先站在協助的角色，**讓青少年試著自己去反映意見，藉此訓練他的溝通能力。**除非我們考量他現在的溝通能力無法勝任，而這問題的嚴重程度可能很快就危及他參與隊上的意願，我們才出手跟系統溝通。

輔導老師的一大任務，就是打造青少年適合當選手的環境。

指導老師可以做什麼、導師可以做什麼，甚至是其他處室可以配合什麼，這些都可以透過輔導老師去做溝通和整合。

別忘了，青少年需要鼓勵，而系統裡的大人，其實更需要你的支持。

要做到對青少年永不放棄，並不容易，輔導老師就是在維繫大人彼此支持的環境，攜手努力堅持下去。

肩負責任如果是件榮譽的事，
即使過程很苦，仍會讓人充滿期待。

【後記】

「不要變壞就好」是種不抱期待；帶有欣賞的期待，才能讓人改變

有的時候，我們以為對孩子說：「我對你不抱期待。」可以減少孩子的壓力，但其實這種寬容，卻容易讓孩子感受不到你站在他這邊。

因為「不要變壞」並沒有給出你的想像、沒有給出你希望他可以活出什麼美好的樣子，卻有可能隱隱傳遞出「你不要給我添麻煩」的失望。

換言之，這句話讓孩子感受不到你真心想支持他。哪天反目的時候，他可能還會脫口罵你：「你只想到你自己！」（即使你沒有這個意思，但聽者容易這樣解讀。）

所以，被這樣「期待」過的孩子，很難不繼續變壞下去。

類似的句型還有：「不想上學，沒關係。不要不吃飯就好。」「交不到朋友，沒關係，不要被排擠就好。」說者無意，聽的人卻覺得無力……

也許覺得很冤枉，做父母、師長的已經很努力不去評判孩子了，為什麼孩子仍然無法體貼自己的用心？

因為，寬容雖可以減少敵對與距離，但人類行為的驅動還是要靠自身的渴望。**為自己真正想要的東西去努力，才是最能感受到自身存在的意義。**況且，如果要為大人努力，前提要先感受到「你想和我站在一起」，而不是只會擔心（預期）「我會遇到麻煩」。

如何發掘孩子真正的渴望，而給出我們真誠的期待？

- 沒有真正的期待，就不能喚起真正的渴望。
- 沒有真正的渴望，就很難促成自發的改變。

這其實考驗著大人自己對世界的熱情。如果我們對成功只有一種想像（成績好、工作好、有房有車有兒有女、賺大錢）；如果我們對真善美只有一種標準（不要有主張，乖乖聽父母師長的話，守己認分）。**我們便很難陪他看到主流世界以外的——能讓他真正感受到自我價值的人事物。**

若是大人可以從自身的熱情出發，你就會知道怎麼鼓舞孩子。

舉例來說，我發現我與擅長棒球的少年特別合得來。可能因為我本身是個棒球迷，我知道棒球技術本身有多難，所以對他們的棒球能力都深感佩服。我可以用棒球世界的角度去欣賞他的長處，並衷心期望他們能發揮棒球所長，在未來發光發熱。

如果不是因為我認識棒球、喜愛棒球，在陪他們看到理想未來的路上，我可能沒辦法這麼投入與專注。而這份投入與專注，可能就是促發改變的一個重要契機（就算我們對他的世界並不了解，也盡可能以開放的心和想像力去補足）。

「我希望未來在國家隊能看到你的名字」，比起「你不要變壞就好」，是不是令人振奮多了？

轉化成正向期待的第一步，就是一起看見他的渴望。

因為每個人都希望，自己生來是被人祝福的。

國家圖書館預行編目資料

現在的青少年很難教吧？：以理解尊重支持取代嘮叨控制，資深校園心理師給父母、老師的實戰書／林維信著.——初版.——臺北市；寶瓶文化事業股份有限公司,2024.03
面； 公分,——（Catcher；113）
ISBN 978-986-406-401-4（平裝）
1.CST: 親職教育2.CST: 青少年教育3.CST: 青少年心理
528.2 113001354

Catcher 113

現在的青少年很難教吧？——以理解尊重支持取代嘮叨控制，資深校園心理師給父母、老師的實戰書

作者／林維信（諮商心理師）
副總編輯／張純玲

發行人／張寶琴
社長兼總編輯／朱亞君
資深編輯／丁慧瑋　編輯／林婕伃
美術主編／林慧雯
校對／張純玲・劉素芬・林婕伃・林維信
營銷部主任／林歆婕　業務專員／林裕翔　企劃專員／李祉萱
財務／莊玉萍
出版者／寶瓶文化事業股份有限公司
地址／台北市110信義區基隆路一段180號8樓
電話／(02)27494988　傳真／(02)27495072
郵政劃撥／19446403　寶瓶文化事業股份有限公司
印刷廠／世和印製企業有限公司
總經銷／大和書報圖書股份有限公司　電話／(02)89902588
地址／新北市新莊區五工五路2號　傳真／(02)22997900
E-mail／aquarius@udngroup.com

著作完成日期／二〇二三年十二月
初版一刷日期／二〇二四年三月
初版二刷日期／二〇二四年三月四日
ISBN／978-986-406-401-4
定價／三九〇元

寶瓶文化·愛書人卡

感謝您熱心的為我們填寫，對您的意見，我們會認真的加以參考，
希望寶瓶文化推出的每一本書，都能得到您的肯定與永遠的支持。

系列：Catcher 113　書名：現在的青少年很難教吧？——以理解尊重支持取代嘮叨控制，資深校園心理師給父母、老師的實戰書

1. 姓名：________________　性別：□男　□女
2. 生日：____年____月____日
3. 教育程度：□大學以上　□大學　□專科　□高中、高職　□高中職以下
4. 職業：__________
5. 聯絡地址：________________________

   聯絡電話：________________
6. E-mail信箱：________________

   □同意　□不同意　免費獲得寶瓶文化叢書訊息
7. 購買日期：____ 年 ____ 月 ____ 日
8. 您得知本書的管道：□報紙／雜誌　□電視／電台　□親友介紹　□逛書店　□網路　□傳單／海報　□廣告　□瓶中書電子報　□其他
9. 您在哪裡買到本書：□書店，店名 ______________　□劃撥

   □現場活動　□贈書

   □網路購書，網站名稱：__________　□其他__________
10. 對本書的建議：________________________

____

____

____

11.希望我們未來出版哪一類的書籍：

（請沿此虛線剪下）

寶瓶　讓文字與書寫的聲音大鳴大放
寶瓶文化事業股份有限公司

亦可用線上表單。

廣　告　回
北　區　郵
免貼郵票

寶瓶文化事業股份有限公司收

110台北市信義區基隆路一段180號8樓

8F,180 KEELUNG RD.,SEC.1,

TAIPEI.(110)TAIWAN R.O.C.

（請沿虛線對折後寄回，或傳真至02-27495072。謝謝）

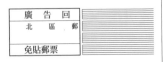